Стрелец
Гороскоп
2024

Анжелина А. Руби

Алина А. Руби

Издается самостоятельно

Кто такой Стрельцов?

Даты проведения: 23 ноября — 21 декабря

День: Четверг

Цвет: фиолетово-синий, зеленый и белый

Элемент: огонь

Совместимость: Весы, Близнецы, Лев и Овен

Символ: ♐

Режим: изменяемый

Полярность: мужская

Планета-управитель: Юпитер

Дом: 9

Металл: Олово

Кварц: Бирюза и топаз

Созвездие: Стрелец

Личность Стрельца

Стрелец - один из самых позитивных знаков Зодиака. Они многогранны, любят приключения и неизведанное. Они открыты новым идеям и опыту и сохраняют оптимизм даже в трудных ситуациях.

Это открытые и жизнерадостные люди, передающие позитивную энергию окружающим. Они обладают религиозной и духовной натурой и высокой нравственностью.

Стрелец — это знак, который любит открытия, зарубежные поездки, исследования, приключения, риск, удачу, расширение знаний и наслаждается общественной жизнью. Стрелец воспринимает жизнь с юмором, с философией.

Их привлекают рискованные виды спорта и те, которыми можно заниматься в одиночку из-за сильной уверенности в себе, путешествия, позволяющие познакомиться с культурами и религиями, отличными от их собственной, природа, знания, религия, философия, законы, справедливость, социальные нормы.

При стабильных и сбалансированных отношениях Стрельцы проявляют себя с лучшей стороны и становятся прекрасными отцами и мужьями, передавая морально-этические ценности своим детям, а также проявляя свою веселость, жизнерадостность и энтузиазм среди своих собственных. Они очень страстны, и "carpe diem" может стать их девизом в жизни, поскольку они настолько увлечены, что не хотят терять ни секунды своего дня. Они хорошие друзья, благородные, верные и искренние. Именно эта искренность может обернуться против них и привести к конфликтам с людьми, которые думают иначе, чем они.

Они эмпатичны, хорошие советчики, позитивны, склонны к упрощению, во всем видят положительные стороны и поэтому склонны к самообману. Они не любят рутину, динамичны, адаптивны, честны и наивны. Благодаря своей смелости они любят природу, путешествия, приключения.

Стрелец — это духовная, философская и глубокая душа. Одна из наиболее привлекательных черт Стрельцов - способность видеть общую картину и давать советы по проблемам своих друзей. Стрельцы притягивают богатство или генерируют его. У них есть идеи, энергия и талант, чтобы воплотить свои замыслы в жизнь. Однако одного богатства недостаточно.

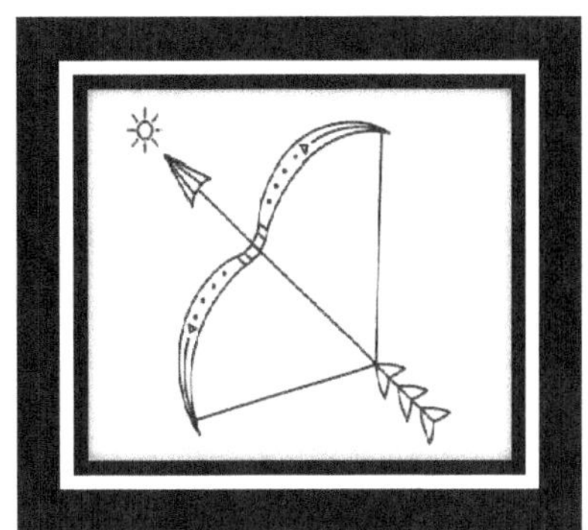

Общий гороскоп для Стрельца

Этот год будет многообещающим для Стрельцов. Ваша личная и профессиональная жизнь будет складываться удачно, хотя и в них будут свои сложности и обязанности.

Вам предстоит принять несколько важных решений, поэтому стоит положиться на советы друзей и близких.

Это период, который вырвет Вас из рутины и подтолкнет к реализации жизненных амбиций. Это будет год, который подарит вам чувство самореализации.

Это удачный год для Стрельцов, но залогом успеха будет упорный труд и целеустремленность. Не будьте недальновидны, научитесь смотреть на картину в целом. Все ваши действия должны быть обдуманными.

Начиная с 25 мая Юпитер, Ваш управитель, транзитом переходит в знак Близнецов. Это поможет Вам приблизиться к своей судьбе.

В периоды ретроградного Меркурия вы, скорее всего, захотите запланировать новые начинания и сосредоточиться на втором шансе.

В периоды новолуния перед вами могут открываться уникальные возможности, поэтому вы должны быть очень умны в своих решениях и верить в себя.

В периоды полнолуния ваши эмоции будут на пике, вам следует больше внимания уделять своим желаниям и потребностям.

Здоровье Стрельцов в этом году будет средним. Вы должны быть внимательны и озабочены своим общим самочувствием. У Вас будут периоды сильного стресса и тревоги, что сильно скажется на Вашем здоровье. Нездоровые привычки могут нарушить здоровье сердца.

Опасайтесь пагубных привычек. Получайте достаточный отдых и больше полагайтесь на домашнюю еду, а не на фастфуд.

Год благоприятен для семейной жизни, в вашем доме будет царить благополучие и счастье. Однако здоровье ваших детей может вызывать у вас беспокойство.

Те, кто хочет иметь ребенка, смогут зачать его в последние месяцы 2024 года.

Любовь расцветет, но вы должны постараться разрешить все разногласия, которые существуют в ваших отношениях.

Любовь

В этом году Вам следует обратить особое внимание на свои любовные отношения, так как все существующие проблемы могут усугубиться. Вы должны работать над устранением препятствий в любви.

В периоды затмений можно вновь встретиться со старыми возлюбленными. Затмения могут напомнить вам о необходимости быть бодрым, веселым и впустить в свою жизнь любовь, если вы одиноки.

Периоды полнолуния сблизят вас с теми, с кем у вас крепкие отношения и с кем вы чувствуете духовную связь, но вы будете держаться подальше от токсичных людей.

Юпитер после 25 мая и в течение всего 2024 года привнесет энергию в Ваши отношения. У Вас появится возможность познакомиться со многими важными людьми, и из этих новых связей может возникнуть любовь.

Если вы состоите в отношениях, вы можете принять решение об их завершении.

В периоды новолуния вы будете открыты для обязательств, эмоциональных и физических связей с другими людьми. Вас ожидают сентиментальность, чувственность, страсть и много веселья.

Экономика

Уран продолжает вносить изменения в вашу рабочую жизнь, но Юпитер дает вам возможность осуществить желаемые перемены.

У вас появятся новые возможности для реализации проектов или совершенно новая работа, которая приведет вас в восторг.

Следите за периодами новолуния, так как именно в эти периоды появятся новые возможности для вашего процветания.

Вы станете более продуктивными, эффективными и организованными, а любые проекты, в которых Вы будете участвовать, после августа принесут много плодов, то есть много денег.

В периоды полнолуния вы будете чувствовать эмоциональную связь с работой или профессией. В эти периоды вы приблизитесь к завершению важных для вас этапов в финансовом плане.

Вы должны иметь финансовые планы и грамотно инвестировать. Не увлекайтесь обычными вариантами инвестирования, так как можете потерять свой капитал. Юпитер и Сатурн благоприятствуют Вашим долгосрочным инвестиционным планам. В целом это год, в котором Вы не почувствуете никакого финансового кризиса.

котором Вы не почувствуете никакого финансового кризиса.

Здоровье Стрельца

Поскольку вы являетесь столь активным знаком, вы рискуете не заметить, как накапливается хроническая усталость и стресс. Рекомендуется посвятить время отдыху. Массаж, общение с друзьями, прогулки по пляжу улучшат настроение и аппетит.

Рекомендуется придерживаться здорового питания, стараться употреблять достаточное количество продуктов, богатых витаминами. При недостатке некоторых витаминов могут возникнуть проблемы с кожей.

Следует избегать нервного напряжения и не брать на себя сразу много обязанностей. Отдых на море будет не только увлекательным, но и благоприятно скажется на Вашем физическом и душевном самочувствии.

Некоторым Стрельцам предстоит несколько визитов к стоматологу, а другие с грустью распрощаются с любимыми блюдами. Вам придется сесть на диету.

Любые усилия не будут напрасными. Умеренность и внимание к своему здоровью станут источниками оптимизма.

Семья

В вашем доме могут возникнуть какие-то неясные проблемы, но эти события укрепят вашу эмоциональную интуицию.

Некоторые старые проблемы, связанные с домом и семьей, придется устранить. Это может означать несколько периодов неопределенности, нестабильности или отсутствия семейных связей.

Вы можете переехать в другое место или приобрести недвижимость, расширить семью или взять на себя большие семейные обязанности. Именно периоды новолуния могут принести эти возможности.

Будьте очень осторожны во время лунных затмений, так как эта сильная энергия может усилить любые семейные проблемы. Разумнее всего будет попытаться наладить отношения до начала Затмения.

Важные даты

01/ 02- Транзит Меркурия по Стрельцу в прямом направлении.

Вы сможете более свободно общаться, ваши мысли будут легче концентрироваться на будущем.

05/23- Полнолуние в Стрельце.

У вас появится возможность отбросить те способы мышления, которые ограничивают ваш рост. Это идеальное время для того, чтобы расширить свой кругозор и почувствовать себя более уверенно. Это Полнолуние знаменует собой окончание эмоциональных привязанностей, которые не соотвествуют Вашей энергии. Закрывается глава в Вашей жизни, связанная с финансовыми вопросами. Вы должны найти баланс в своей повседневной жизни.

10/17 - Венера проходит транзит по Стрельцу.

Это время покорения, поскольку Ваша аура будет магнетической. Серьезность не будет входить в ваши романтические планы, и у вас появится возможность попробовать что-то новое.

11/ 02- Меркурий проходит транзит пострелу.

Вы будете лучше понимать мотивы и поступки людей.

11/21- Солнце входит в знак Стрельца.

11/ 26- Ретроградный Меркурий в Стрельце.

Избегайте подписания соглашений. Вспомните свое прошлое, научитесь просить прощения и гибко подходите к расписанию. Планируйте все заранее. Не принимайте важных решений.

12/ 01- Новолуние в Стрельце.

Проанализируйте свои личные отношения, воспринимайте все спокойно и освободитесь от стресса. Откажитесь от рутины, планируйте новые дела, прилагая усилия и отдавая себя делу. Ставьте перед собой твердые цели.

12/ 06- Солнце соединяется с Меркурием в Стрельце.

Отличный день для того, чтобы четко и уверенно донести свои идеи.

12/15 - дефектный Меркурий в Стрельце.

Вы сможете более свободно общаться, ваши мысли будут легче концентрироваться на будущем.

Гороскопы на месяц для Стрельца на 2024 год

Январь 2024 г.

В этом месяце вы получите дополнительные деньги, не тратьте их впустую. Всегда полезно иметь план действий на случай, если что-то пойдет не так.

Это месяц, когда вы должны больше присутствовать в жизни тех, кого любите, не то, чтобы проводить с ними каждый день, но, если вы найдете время, чтобы разделить некоторые дни в течение месяца.

В середине месяца Вы будете чувствовать себя очень воодушевленным, и Вам следует направить этот энтузиазм на украшение своего дома.

Вы не сможете договориться с кем-то на работе, и, к сожалению, эта ситуация затянется на несколько недель. Помните, что общение - очень важная часть этой дискуссии.

Вы можете задуматься, стоит ли соглашаться на просьбу человека, которого вы не заметили. Вы должны это сделать, потому что этот человек сыграет особую роль в Вашей жизни, и это будет означать единственную и необходимую историю. История настоящей любви.

Вы уступаете в деньгах, не отдавая свою руку в неважном споре.

Счастливые числа

12–19 -21 -33-36

февраль 2024 г.

Организуйте свой график таким образом, чтобы не нарушать необходимое время сна. Ваши сны будут вести вас только в том случае, если вы уделите им необходимое время и пространство.

Подарки - неотъемлемая часть романтики, но они не заменят присутствия и заботы, качественного времени и самой любви.

Если вы одиноки, пусть вас сближает с этим человеком не зависть, а партнер того, кто имеет к вам нерешенные вопросы, но любовь не может быть местью.

Вам будет предложена очень выгодная сделка человеком, который уверен, что вы сможете ее выполнить, выразите свою признательность за то, что вас рассматривают в качестве кандидата на это предложение, и постарайтесь.

Не забывайте, что вы должны быть в курсе всех новых технологий и новых исследований, появившихся в той области, которой вы занимаетесь.

Не бойтесь любить снова, человек, который пришел в вашу жизнь, заставляет вас взглянуть на вещи по-другому, но вы боитесь отдавать себя *из-за плохого опыта, который вы пережили, больше доверяйте жизни.*

Счастливые числа

4–17–20–33 - 35

март 2024 г.

В этом месяце Вам придется принять важное решение в любви, так как, возможно, человек, который Вам очень нравится, не испытывает к Вам тех же чувств. Вам следует быть внимательным, так как в Вашей жизни есть еще кто-то, кто обратил на Вас все свое внимание, а Вы не захотели дать ему вход в свое сердце, Вам следует хорошо проанализировать, чего Вы хотите.

Не стоит впадать в неадекватное поведение только потому, что так поступают друзья, это нечестно по отношению к тем, кто Вас любит. Если в момент слабости характера Вам захочется попробовать то, чего делать не следует, прежде всего, подумайте о том, какие последствия это будет иметь для Вашей семьи и для Вашего будущего.

Ошибка, совершенная в прошлом, вернется к вам, и вам, возможно, придется извиниться или заплатить долг.

В конце месяца скорость вашего мышления ускорится, и вы поймете, что то, на что раньше уходили часы, теперь можно сделать за несколько минут. С такой ментальной предрасположенностью вы сможете достичь многого.

Счастливые числа
2–10–18–19 - 23

апрель 2024 г.

В этом месяце не стоит откладывать все, что вы хотите сделать, из-за того, что у вас есть обязательства. Пришло время взять ответственность за свою жизнь в свои руки и начать расставлять приоритеты, среди которых обязательно должно быть время для занятий любимым делом.

Вы не можете следить за жизнью каждого. Вы должны дать понять окружающим, что они должны принимать решения самостоятельно, так как Вы не всегда будете рядом, чтобы помочь им.

Кто-то пользовался вашей добротой, вы думали об этом, но не хотели принять правду, настало время сделать это, потому что вы больше не можете соглашаться на такую сделку, когда вы ничего не получаете взамен за свои усилия.

Ваш ум находится в периоде огромной творческой активности. Вы испытываете постоянную жажду информации. Утолите эту жажду, пройдя курс повышения квалификации, который поможет Вам стать лучше в своей профессии.

Есть люди, которые хотят испортить репутацию вашего партнера, распуская слухи.

Вам следует внимательно прислушиваться и защищаться от таких людей.

Счастливые числа

2–8–26–30 - 33

май 2024 г.

Это идеальный месяц для ведения переговоров и заключения сделок. Деньги будут приходить к Вам загадочными путями.

Помните, что излишество — это враг. В этом месяце ключевое значение будет иметь организованность, а также терпение и умение превращать негатив в позитив.

Вы должны стремиться к созданию баланса между домом, семьей, друзьями и своим финансовым будущим.

Во имя любви вы должны сдерживать свой флирт. Приведите в соответствие свое сердце и желания.

Старайтесь всегда приходить на работу вовремя, выполнять все задания и быть очень ответственными.

Если вы одиноки, то у вас есть прекрасная возможность найти новую любовь. Если у Вас стабильные отношения, то самое время укрепить сентиментальные связи, а если отношения на расстоянии, то не забывайте показывать, как Вам дорог Ваш партнер.

Может возникать некоторый дискомфорт, связанный с проблемами печени, для разгрузки организма необходимо контролировать себя, ограничивать алкоголь и соблюдать правильную диету.

Счастливые числа
5–12–16–22 - 27

июнь 2024 г.

Вы зря тратите время и талант; не стоит сдаваться, потому что ваши усилия будут вознаграждены. Планируйте свою экономику, если не хотите неприятных сюрпризов. Все решения принимайте с большим мужеством.

В последнее время Вы испытывали сильный стресс, и его последствия начинают проявляться. Вам приходилось со многим мириться, но проблемы начинают разрешаться сами собой, и вам пора успокоиться.

Не стоит недооценивать некоторые изменения, некоторые из них позитивны, но другие могут оказаться не столь благоприятными, как кажется на первый взгляд. Не торопитесь и проанализируйте альтернативы и перспективы каждого варианта.

Скорее всего, Вы поссоритесь с другом и в итоге откажетесь от доверия к нему. Вся эта ситуация связана с нервозностью по поводу экономических обстоятельств, которым нельзя позволять оказывать на Вас негативное влияние.

Постарайтесь внутренне осознать открывающиеся возможности, поскольку вас ожидает сюрприз. Идите в своем собственном темпе, приближается что-то важное.

Счастливые числа

14–17–24–29–30

июль 2024 г.

В этом месяце помните, что ваше сердце и ваша голова не должны конфликтовать. В этом месяце Вы можете сменить место работы, не отчаивайтесь.

Вы сможете смело смотреть в лицо проблеме непогашенного долга, а также договориться о том, какой план выплат вы можете себе позволить.

После 14-го числа произойдет ссора с партнером, он/она будет говорить вам обидные вещи. Только Вам решать, стоит ли продолжать находиться рядом с человеком, способным причинить Вам боль.

На Вашем рабочем месте есть люди, не обладающие Вашими знаниями и навыками, но занимающие более важные и высокооплачиваемые должности, чем Ваша. Вы чувствуете, что Ваша подготовка и знания не признаются, что Вас недооценивают. Все это происходит потому, что вы не умеете требовать то, что принадлежит вам по праву. Вы должны бороться за то, чего хотите, и не поддаваться на уговоры.

Вы должны сосредоточиться на том, чтобы выбрать направление, что вы хотите или не хотите делать в будущем, не бойтесь.

Счастливые числа
6–8–22–25 - 35

август 2024 г.

Вам не хватает терпения, необходимого для развития долгосрочных отношений. Вы всегда хотите немедленных результатов, что может помешать вашему росту.

Вы придете на групповую вечеринку, где вы и ваш избранник уйдете пораньше, чтобы провести время за интимной беседой.

Чтобы понять пути любви, нужно спросить совета у друзей. Если вы хотите иметь партнера, вы должны заботиться о нем.

Прекрасный месяц для тех, кто хочет купить дом, по крайней мере, для этого нужно начать откладывать деньги.

Есть человек, который проявляет к Вам большой интерес, но теряет его, видя, как холодно Вы себя ведете.

Необходимо контролировать свои расходы; скорее всего, вы выйдете за рамки своего бюджета, и это отразится на вас так, как вы не ожидаете.

Счастливые числа

5–12–21–22 - 23

Сентябрь 2024 г.

Этот месяц не предвещает серьезных перемен в личной жизни. Те, кто находится в стабильных отношениях, не испытают серьезных изменений, а одиночки, скорее всего, также не найдут свою вторую половинку.

Возможно, в компании, в которой вы работаете, происходят серьезные изменения, и вам даже предложат поработать за границей или отправиться в командировку.

Вы будете склонны уделять меньше внимания своему здоровью, важно постараться не поддаваться этой тенденции. Правильное питание, физические упражнения и здоровый образ жизни наполнят Вас жизненной силой. Следует избегать излишеств, это может привести к стрессу или тревоге.

Возможность внебрачных романов может возникнуть, но это не значит, что Вы ею воспользуетесь.

В любом случае, ваши отношения как пары проходят проверку на прочность, поэтому важно, сталкиваясь с небольшими недоразумениями, не уходить, думая, что все решится само собой, а стараться проявлять инициативу для их решения, разговаривая и слушая.

Счастливые числа

4–8–12–13–22

октябрь 2024 г.

В этом месяце Ваша работа и профессия будут продолжаться по инерции. Вы задумаетесь об отпуске, ради которого не придется много работать и принимать важные решения.

В финансовом плане у вас все равно все будет хорошо, но события будут развиваться медленно. Это не месяц для крупных инвестиций, следует покупать самое необходимое для жизни без лишних трат.

Вы будете с удовольствием заниматься спортом и ходить по вечерам на прогулки с друзьями.

В любви у вас все будет хорошо. Если у Вас есть партнер, то отношения будут развиваться гладко. Если Вы одиноки, то это может быть месяц, в котором Вы будете пользоваться большим успехом у противоположного пола, так что у Вас может быть несколько спорадических связей. Проблема в том, что вы не можете понять, хотите ли вы связывать себя обязательствами или нет. Даже если Вы встретите кого-то особенного, Вы позволите ему или ей ускользнуть. Ваше желание продвинуться по службе и амбиции заставят Вас в конце месяца сосредоточиться на работе, потому что Вы хотите добиться успеха. В Вашем доме будет очень тихо, но задача месяца - совместить работу с семьей.

Счастливые числа

4–8–12–13 - 22

ноябрь 2024 г.

В этом месяце усталость и стресс будут ослаблять Вас; Вы должны оставаться как можно более сильными. Высыпайтесь, отдыхайте, принимайте витамины, делайте все необходимое, чтобы это не слишком сильно на Вас повлияло.

Если вы состоите в отношениях, вам будет хорошо, но вы начнете сомневаться, действительно ли эти отношения - то, что вам нужно. Это приведет к тому, что вы будете сосредоточены на своих мыслях. Если вы одиноки, то это не тот месяц, когда можно заводить стабильные отношения. Не потому, что Вы не найдете интересных людей, а потому, что Вы не очень хорошо знаете, чего хотите.

С экономической точки зрения это хороший период, и деньги будут приходить легко. Хороший период для долгосрочных инвестиций, нужно думать о своем будущем.

Вам следует воспользоваться этим и начать планировать отпуск, чтобы отдохнуть и восстановить силы. К предстоящему 2025 году Вам необходимо быть в форме.

Заботьтесь о себе, нет смысла убиваться, выполняя упражнения только для того, чтобы

*получить травму и какое-то время
бездействовать.*

Счастливые числа
11–12–13–17 - 25

декабрь 2024 г.

Если у вас есть партнер, то у вас будет хорошее спокойствие, но вы будете чувствовать, что ваш партнер немного не в ладах с вами. Это означает, что вы не синхронизированы, но вам не стоит беспокоиться, потому что это не ваша вина, это она не знает, чего хочет. Если Вы одиноки, то это хороший месяц для знакомств. Не торопитесь, не спешите, узнайте человека получше и не совершайте ошибок.

Деньги будут поступать к вам из разных источников, и ваш банковский счет будет переполнен. Если у Вас есть инвестиции, то они принесут Вам прибыль. Вы почувствуете себя счастливчиком и сможете побаловать себя роскошью и капризами. Люди будут видеть в Вас миллионера. Это фантастический месяц для вашей экономики.

В вашем доме будет очень хорошо, так как у вас будет все в порядке с деньгами, вы сможете делать им подарки. Вы почувствуете себя любимым и заметите их безусловную поддержку.

У вас будет энергия, чтобы делать все, что вы хотите. Вы будете получать удовольствие от общения с самим собой. Ваш образ будет привлекательным, и вы будете чувствовать себя удовлетворенным. Избегайте несчастных случаев.

Счастливые числа
2–7–17–25 - 36

Карты Таро - загадочный и психологический мир.

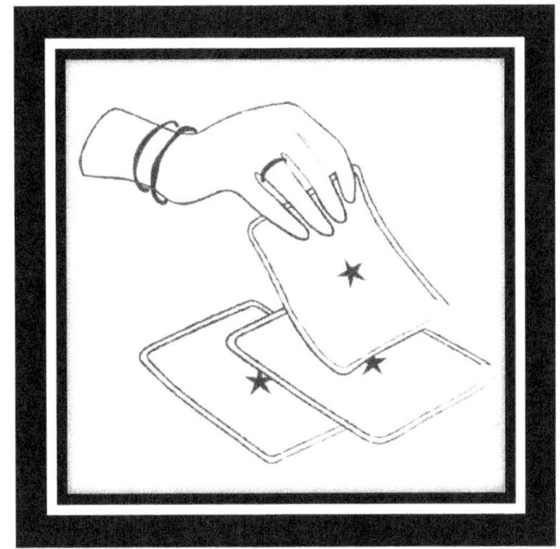

Слово Таро означает "королевская дорога", это тысячелетняя практика, точно неизвестно, кто придумал карточные игры вообще и Таро в частности; в этом смысле существуют самые разноречивые гипотезы.

Одни говорят, что они возникли в Атлантиде или Египте, другие считают, что таро пришли из Китая или Индии, из древней страны цыган или попали в Европу через катаров. Но факт остается фактом: в картах таро переплетается астрологическая, алхимическая, эзотерическая и религиозная символика, как христианская, так и языческая.

Еще недавно при слове "таро" некоторые люди представляли себе цыганку, сидящую перед хрустальным шаром в комнате, окруженной мистикой, или думали о черной магии или колдовстве, но сегодня ситуация изменилась.

Эта древняя техника адаптируется к новым временам, она вошла в технологию, и многие молодые люди испытывают к ней глубокий интерес.

Молодые люди изолировали себя от религии, поскольку считают, что не найдут там решения того, что им нужно, они осознали двойственность этого, чего не происходит с духовностью. В социальных сетях можно найти аккаунты, посвященные изучению и чтению таро, поскольку все, что связано с эзотерикой, модно, более того, некоторые иерархические решения принимаются с учетом таро или астрологии.

Примечательно, что не те предсказания, которые обычно связаны с таро, являются самыми востребованными, а те, которые связаны с самопознанием и духовным консультированием, - самыми востребованными.

Таро — это оракул, с помощью его рисунков и цветов мы стимулируем нашу психическую сферу, ту внутреннюю часть, которая выходит за пределы естественного. Многие люди обращаются к таро как к духовному или психологическому путеводителю, поскольку мы живем в неопределенные времена, и это толкает нас на поиски ответов в духовности.

Это такой мощный инструмент, который конкретно рассказывает о том, что происходит в вашем подсознании, чтобы вы могли воспринять это через призму новой мудрости.

Карл Густав Юнг, известный психолог, использовал символы карт Таро в своих психологических исследованиях. Он создал теорию архетипов, в которой обнаружил обширную сумму образов, помогающих в аналитической психологии.

Использование рисунков и символов для обращения к более глубокому пониманию часто применяется в психоанализе. Эти аллегории являются частью нас, соответствуя символам нашего подсознания и нашего разума.

В нашем бессознательном есть темные области, и когда мы используем визуальные техники, мы можем добраться до различных его частей и раскрыть неизвестные нам элементы нашей личности. Когда вы сможете расшифровать эти послания с помощью изобразительного языка Таро, вы сможете выбирать, какие решения принимать в жизни, чтобы создать ту судьбу, которую вы действительно хотите.

Таро с его символами учит нас тому, что существует иная Вселенная, особенно в наше время, когда все так хаотично и всему ищут логическое объяснение.

Карты Таро "Колесо Фортуны" для Стрельца на 2024 год

Благоприятные перемены, удача, новые условия, улучшения.

Успех и развитие благодаря творческим способностям, удача в азартных играх, равновесие между противоположными силами. Эта карта представляет принцип полярности, который заставляет нас смело встречать перемены.

Он символизирует жизненные циклы и говорит о новых начинаниях, трансформациях, управляемых судьбой и, следовательно, не зависящих от вас.

Стремление к приключениям, спонтанности и хорошему настроению.

Это предвещает победы и успех. Однако следует помнить, что ничего не дается на блюдечке с голубой каемочкой.

Даже если успех постучится в вашу дверь, вы должны продолжать стремиться к нему.

Это означает заслуженную победу.

Он символизирует упорный труд и преданность делу, указывая на то, что успех не приходит легко, его нужно заслужить.

Вы должны взять судьбу в свои руки и подготовиться к использованию возможностей, которые предоставит вам 2024 год.

Руны года 2024

Руны — это набор символов, образующих алфавит. Слово "руна" означает "тайна" и символизирует шум столкновения одного камня с другим. Руны — это древний провидческий и магический метод.

Руны не служат для точных предсказаний, но они служат для того, чтобы подсказать вам будущее событие, предмет или решение.

Руны имеют конкретное значение для того, кто хочет его получить, а также некое послание, связанное с невзгодами, возникающими в жизни.

Thurisaz, Руны Стрельца 2024

Это год принятия решений. Однако помните, что поспешное решение приводит к серьезным ошибкам. Поэтому избегайте импульсивных поступков, старайтесь не делать того, что превышает ваши возможности. Иными словами, хорошо подумайте, прежде чем действовать.

Всегда есть внешние факторы, не зависящие от вас, поэтому вы должны быть терпимы.

Вам еще предстоит пройти долгий путь, нужно подождать и, прежде чем сделать первый шаг, проанализировать ситуацию, прошлое, свои ошибки и успехи. Тогда, когда придет время, Вы сможете принять правильное решение.

Не предпринимайте никаких действий до тех пор, пока условия не станут благоприятными.

Работа, которую вы должны проделать, не только внешняя, но и спокойный анализ своего сердца и души. Проанализируйте, как вы пришли к этому, и представьте себе достижения и проблемы, прежде чем действовать.

Thurisaz предупреждает вас, что то, с чем вы столкнулись на самом деле, является отражением того, что скрыто в вашем подсознании.

Энергия конфликта, через который вы проходите, является нейтральной, поэтому вы должны принять динамику, связанную с ним.

Эта руна сообщает о том, что вы защищены и что у вас есть силы противостоять любым препятствиям.

Удачные цвета

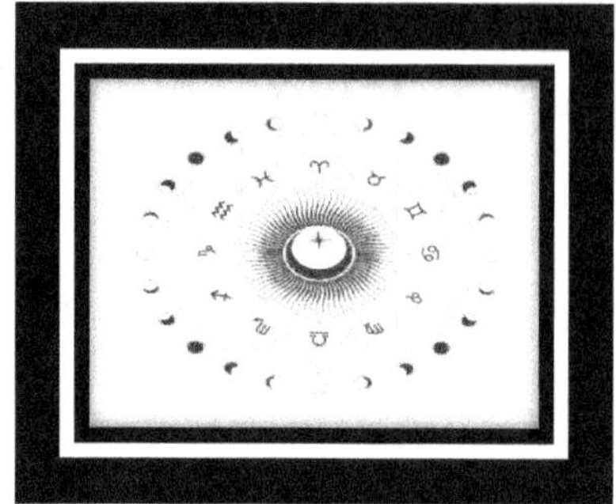

Цвета оказывают на нас психологическое воздействие: они влияют на нашу оценку вещей, мнение о чем-то или о ком-то, а также могут использоваться для принятия решений.

Традиции встречи нового года в разных странах различны, и в ночь на 31 декабря мы подводим итоги всего позитивного и негативного, что было в уходящем году. Мы начинаем думать о том, что нужно сделать, чтобы изменить свою удачу в новом году.

Существует несколько способов привлечь к себе положительные энергии при встрече нового года, и один из них - надеть или носить аксессуары определенного цвета, привлекающего то, что мы желаем в наступающем году.

Цвета несут энергетический заряд, влияющий на нашу жизнь, поэтому всегда рекомендуется встречать год, одетым в цвет, привлекающий энергии того, чего мы хотим достичь.

Для этого существуют цвета, положительно вибрирующие под каждым знаком Зодиака, поэтому рекомендуется носить одежду того оттенка, который будет способствовать привлечению процветания, здоровья и любви в 2024 году. (Эти цвета можно использовать и в остальное время года для важных событий или для того, чтобы сделать ваши дни более насыщенными).

Помните, что, хотя чаще всего принято носить красное белье для страсти, розовое - для любви, а желтое или золотое - для изобилия, никогда не будет лишним включить в свой наряд тот цвет, который наиболее выгоден нашему знаку зодиака.

Стрелец

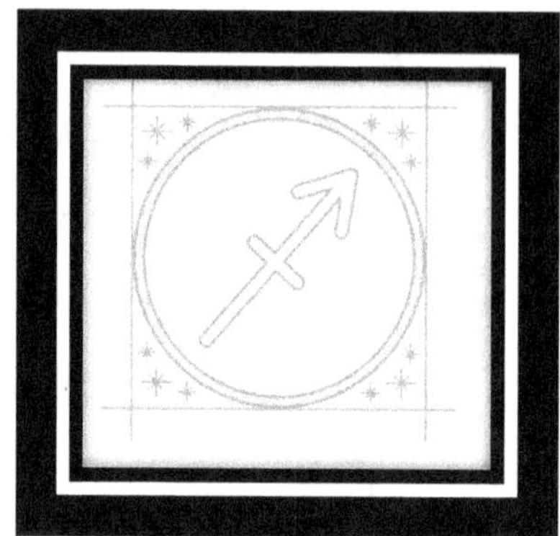

Оранжевый

Ключевые слова для оранжевого цвета - энергия, радость, счастье, творчество.

Оранжевый - жизнерадостный цвет, способствующий выходу негативных эмоций. Его использование поможет вам почувствовать уверенность в себе и сочувствие к недостаткам других людей.

Оранжевый цвет стимулирует ум, обновляет иллюзии и является антидепрессантом.

Оранжевый цвет широко используется в буддизме, так как он связан с сакральной чакрой и имеет отношение к сексуальности, творчеству и страсти. Эта чакра связана с водной стихией и помогает уравновесить эмоции и увеличить жизненную энергию.

Счастливые Талисманы

У кого нет счастливого кольца, цепочки, которая никогда не снимается, или предмета, который он не отдал бы ни за что на свете? Все мы наделяем принадлежащие нам вещи особой силой, и этот особый характер, который они принимают для нас, делает их магическими предметами.

Для того чтобы талисман мог действовать и влиять на обстоятельства, его носитель должен верить в него, и тогда он превратится в необыкновенный предмет, способный выполнить все, что от него требуется.

Обычно амулетом называют любой предмет, умилостивляющий добро в качестве средства защиты от зла, вреда, болезней и колдовства.

Амулеты на удачу помогут вам провести 2024 год в благоденствии в доме, на работе, в семье, привлечь деньги и здоровье. Чтобы амулеты работали правильно, не следует давать их в руки посторонним и всегда иметь под рукой.

Амулеты существовали во всех культурах и изготавливались из элементов природы, которые служили катализаторами энергий, способствующих исполнению желаний человека.

Амулету приписывается способность отгонять зло, чары, болезни, бедствия или противодействовать злым желаниям, произнесенным через глаза других людей.

Амулет для Стрельца

Лошадь

Лошади считаются символом богатства. В древности лошадей дарили императорам и царям, поскольку они являются символом триумфа и успеха.

Лошади символизируют власть, силу и мужество. Они являются символом скорости, мужества и настойчивости.

Они связаны со стихией Огня и олицетворяют славу, свободу и достижение целей, требующих от вас энергетической силы.

Украшение с фигуркой лошади или несколько можно разместить в гостиной, кабинете, офисе или, если вы работаете дома, поставить на рабочий стол. Поскольку лошадь считается амулетом, привлекающим успех и удачу, она должна находиться рядом с Вами.

Счастливый кварц

Всех нас привлекают бриллианты, рубины, изумруды и сапфиры - очевидно, драгоценные камни. Полудрагоценные камни, такие как сердолик, тигровый глаз, белый кварц, лазурит, также высоко ценятся, поскольку на протяжении тысячелетий использовались в качестве украшений и символов власти.

Многие не знают, что они ценились не только за красоту: каждый из них имел сакральное значение, а их целебные свойства были не менее важны, чем декоративные.

Кристаллы и в наши дни обладают теми же свойствами, большинство людей знакомы с наиболее популярными из них, такими как аметист, малахит и обсидиан, но в настоящее время появились новые кристаллы, такие как лайма, петлит и фенакит.

Кристалл — это твердое тело геометрически правильной формы, кристаллы образовались при создании Земли и продолжают метаморфировать по мере изменения планеты, кристаллы — это ДНК Земли, это миниатюрные хранилища, в которых хранится развитие нашей планеты за миллионы лет.

Некоторые из них были согнуты под необычайным давлением, другие выросли в камерах, погребенных глубоко под землей, третьи возникли из капель. Какую бы форму они ни принимали, их кристаллическая структура способна поглощать, сохранять, фокусировать и излучать энергию.

В основе кристалла лежит атом, его электроны и протоны. Атом динамичен и состоит из ряда частиц, которые вращаются вокруг центра в постоянном движении, так что, хотя кристалл может казаться неподвижным, он представляет собой живую молекулярную массу, которая вибрирует с определенной частотой, и именно это дает энергию кристаллу.

Раньше драгоценные камни были царской и священнической прерогативой, священники иудаизма носили на груди бляшку с драгоценными камнями, которая была не просто эмблемой, обозначавшей их функции, но и передавала власть носителю.

Люди носили камни еще в каменном веке, поскольку они выполняли защитную функцию, оберегая своего владельца от различных бед. Современные кристаллы обладают той же силой, и мы можем подбирать украшения не только по их внешней привлекательности: находясь рядом с ними, можно зарядиться энергией (оранжевый сердолик), очистить пространство вокруг себя (янтарь) или привлечь богатство (цитрин).

Некоторые кристаллы, такие как дымчатый кварц и черный турмалин, способны поглощать негатив, излучая чистую и прозрачную энергию.

Ношение черного турмалина на шее защищает от электромагнитных излучений, в том числе и от сотовых телефонов, цитрин не только привлечет богатство, но и поможет его сохранить, разместите его в богатой части дома (сзади слева, наиболее удаленной от входной двери).

Если вы ищете любовь, кристаллы могут вам помочь: поместите розовый кварц в угол отношений вашего дома (задний правый угол, наиболее удаленный от входной двери), его эффект настолько силен, что вы можете добавить аметист, чтобы компенсировать притяжение.

Можно также использовать родохрозит - любовь придет сама.

Кристаллы способны исцелять и дарить равновесие, некоторые кристаллы содержат минералы, известные своими лечебными свойствами, малахит имеет высокую концентрацию меди, ношение малахитового браслета позволяет организму усваивать минимальное количество меди.

Лазурит снимает мигрень, но если головная боль вызвана стрессом, то аметист, янтарь или бирюза, помещенные над бровями, снимут ее.

Кварц и минералы — это драгоценные камни матери-земли, дайте себе возможность и соединитесь с магией, которую они излучают.

Талисман удачи для Стрельца

Агат

Кварц, обладающий большой энергетической силой. Он способствует повышению самооценки и преобразованию негативных энергий в позитивные.

Он способствует эмоциональной, умственной и физической стабильности. Хорошо помогает при мигренях, снимает все виды физических недомоганий, таких как боли в мышцах, суставах и костях.

Он известен как камень уверенности. Он принесет вам богатство и изобилие во всех сферах вашей жизни.

Он способствует развитию творческих способностей и безопасности. Кроме того, ему приписываются способности избавлять от проклятий.

Если положить его под подушку, то проблем со сном не будет, вы избежите бессонницы, ночных стрессов и тревог.

Это придаст вам расчетливость.

Он действует как амулет, благодаря которому дела идут хорошо, и вы получаете процветание в короткий срок.

 Чтобы воспользоваться защитными свойствами этого кварца, необходимо всегда иметь его при себе.

Совместимость Стрельца и знака зодиака

Стрелец

Стрелец - знак, который вечно накапливает знания. В поисках острых ощущений он пересекает моря и заглядывает в каждый уголок Вселенной.

Когда речь заходит о любви, каждый день и час для этого активного огненного знака становится приключением. Юпитер, планета изобилия, является управителем Стрельца, удача следует за ним повсюду, а Стрелец, как астрологический кентавр, стремится к умственному, философскому и духовному развитию и, конечно же, к веселью.

Стрелец способен превратить любое, даже самое приземленное занятие, в увлекательный подвиг. Буквально у каждого человека есть своя история, а поскольку Стрелец - превосходный оратор, он может поделиться этими воспоминаниями с друзьями, родственниками и посторонними людьми так, что вдохновит и просветит любого. А также вызвать заразительный смех у слушателей.

Поскольку этот огненный знак привлекателен, его всегда окружают жаждущие внимания зрители, иными словами, этот знак - знаменитый ребенок

Зодиака. Как мотобольный знак, Стрелец также легко приспосабливается, более того, в нем глубоко укоренилось стремление к постоянным переменам. Стрелец любит осваивать новую этику, идеологию и логику, менять перспективы и, пожалуй, самое главное - путешествовать по миру.

Стрельцу свойственны странствия, и он может стать непостоянным, если долго задержится на одном месте, поэтому для этого знака очень важно иметь свободу для исследований. Не каждый может угнаться за неугомонными Стрельцами, поэтому, когда дело доходит до страсти, этот огненный знак, как известно, покоряет сердца.

Стрелец — это еще и клоун зодиака, всегда рассказывающий какую-нибудь историю или анекдот, так что любой разговор пронизан остротами и немалой искренностью. Хотя у Стрельцов нет соперников, им следует помнить об осторожности с острым языком и сатирическими замечаниями. Иногда их энергия переходит все границы, и тогда они выглядят самонадеянно и даже презрительно.

Мотобольные качества Стрельца делают его немного грубым, когда речь идет о принятии решений, например, о принятии обязательств в отношениях. Имея столько возможностей, он страдает от выбора правильных отношений, так как любит держать свои возможности открытыми.

Чтобы не чувствовать себя омраченным, нужно быть честным с этим знаком, разговаривать с ним, быть твердым, и все будет хорошо, потому что, если Стрелец что-то и ценит, так это искренность.

С его неизменным духом авантюризма встречаться со Стрельцом - все равно что летать на воздушном шаре или прыгать с парашютом в плохую погоду, потому что он любит жить на грани, где больше шансов открыть для себя что-то новое.

Когда речь заходит об отношениях со Стрельцом, все становится не так просто: его могут подтолкнуть к рискованным связям. Привлечь внимание Стрельца не так-то просто, ведь Кентавр не задерживается на одном месте достаточно долго, чтобы сохранить мотивацию. Поэтому, если Вы хотите завоевать Стрельца, Вам придется держать этот динамичный знак в напряжении - не бойтесь демонстрировать более энергичные стороны своей личности.

Стрельца привлекает, когда вы отстаиваете свои интересы, поэтому не забывайте о дружелюбном стиле общения. Жизнерадостные и свободолюбивые, кентавры склонны к беззаботности в вопросах сексуальности, их физические отношения могут варьироваться от случайных до серьезных, и, будучи прирожденным археологом, секс всегда является событием для этого огненного знака.

Стрельцы рассматривают интимную жизнь как повод для самопознания и интеллектуального отдыха, поэтому в сексе они склонны к серьезному поиску острых ощущений. Когда Стрелец решает взять на себя обязательства, ничего не меняется - нужно стараться поддерживать авантюрный образ жизни 24 часа в сутки 7 дней в неделю.

Серьезные отношения — это разделение слабостей, создание метода поддержки и совместное решение проблем, но, если Ваш график не выдерживает предложенной Стрельцом программы, постарайтесь сделать так, чтобы каждый день был удачным.

Подумайте о том, чтобы изучить альтернативные оздоровительные практики вместе с вашим партнером-Кентавром; ему понравится развивать свои духовные границы, когда вы будете рядом с ним. Что касается приключений, то Стрелец ищет просто веселого компаньона; он хочет быть с кем-то, кто будет бросать ему вызов и расширять его горизонты.

Но никогда не забывайте, что даже в отношениях Стрелец не терпит границ, поэтому, если Вы окажетесь в отношениях с этим знаком, будьте готовы к тому, что Вам придется держать наготове доки. Вы не будете знать, что вас ждет, но это наверняка будет неумолимая поездка.

Границы не являются чем-то плохим; на самом деле, они создают прочную основу для отношений. Когда Вы находитесь в отношениях со Стрельцом, постарайтесь с самого начала создать условия, которые бы прояснили все "до" и "дон" в отношениях. Если Вы хотите, чтобы Ваш Стрелец писал Вам смс каждый вечер, Вам следует сказать ему об этом с самого начала, поскольку Стрельцу будет легче понять суть отношений, если правила будут ясны.
Стрелец всегда ищет новых острых ощущений, его свобода должна уважаться, чтобы сохранить здоровые долгосрочные отношения, дайте ему понять, что Вы готовы участвовать в его занятиях, но позвольте ему самому принять решение и не заставляйте его чувствовать себя виноватым, если он решит сделать это самостоятельно.

Стрелец очень искренен, поэтому, когда он инициирует расставание, условия просты: если он говорит, что все кончено, значит, все кончено, с ним нет пути назад. Будучи представителем богемы, он легко собирает вещи и уходит, если что-то не получается. На самом деле, Стрелец часто может жить дальше, как будто отношений вообще не было.

*Отношения **Стрельца и Овна** полны энергии. Стрелец обладает заразительной жизненной силой, он весел и любопытен. Вряд ли кто-то может идти в ногу со Стрельцом, однако Овна восхищает и вдохновляет этот активный знак. Зажигательная энергия Овна оттачивается огнем Стрельца, и в отношениях оба получают стимул к исследованию присущих им любопытств. Хотя эти отношения могут быть вечными, им следует быть осторожными. Эта пара - топливозаправщик, так как оба знака могут быть чрезвычайно взрывоопасны. Каждый из них должен взять на себя обязательство давать другому достаточно пространства для отдыха после ссоры.*

***У Стрельца и Тельца** совершенно противоположные потребности. Тельцу необходимо сохранить свою зону комфорта, не подвергая ее угрозам, в то время как Стрельцу нужен азарт и чистота поиска. Телец связывает успех с вещами, а Стрелец - с приключениями. Телец кичится своей непоколебимостью, а*

Стрелец ценит возможность изменить свой образ мышления. Хотя эти два знака существуют в совершенно разных параллельных вселенных, они могут объединиться в отношениях. Если им удастся найти способ оценить свои противоположные точки зрения, то такие отношения станут мощным балансом, вдохновляющим оба знака.

Стрелец и Близнецы - *противоположные знаки. Не все противоположные знаки совместимы, но этот союз - одно из самых полных объединений, существующих в астрологии. Стрелец связан с общим ландшафтом. Близнецы, напротив, ориентируются на то, что существует на более конкретном уровне. Этот воздушный знак исследует все мелкие детали, восполняя пробелы Стрельца. В партнерстве эти два знака вдохновляют друг друга на то, что вызывает у них любопытство.*

Стрелец и Рак — это *непростые отношения, но, когда речь идет о делах сердечных, нет ничего невозможного. Когда эти отношения находятся в лучшем состоянии, Стрелец будет увлеченно делиться своими историями с Раком, который является прекрасным слушателем. Однако эти* два знака существуют в совершенно разных пространствах. Раку нужен дом, чтобы чувствовать себя в безопасности, в то время как счастье Стрельца зависит от его независимости в странствиях. Честное общение всегда является ключевым моментом в любви, и, если эти знаки будут смелыми, они смогут вместе двигаться вперед и добиваться успеха.

Стрелец и Лев - синонимы страсти и любви. Стрелец околдован драматичным Львом, а Лев полностью очарован огненным Стрельцом. По отдельности эти знаки обладают двумя самыми сильными натурами Зодиака, поэтому, когда они достигают своего вихря, динамика становится восторженной, творческой и полной жизненной силы. Проще говоря, в этом есть смысл. Однако эти высоко совместимые огненные знаки быстро поймут, что идеальных отношений не бывает. Эгоцентричный Лев нуждается в безопасности и честности надежного партнера, а Стрелец часто не может этого предложить. В этом нет ничего личного, просто никакие отношения не заменят Стрельцу свободы. Льву, конечно, трудно с этим смириться, поэтому эта пара может часто запутываться в конфликтах.

Стрелец и Дева - одна из самых маловероятных пар для выживания. Дева навешивает ярлыки и все организует, а Стрелец терпеть не может, когда на него навешивают ярлыки. Поскольку Стрелец постоянно гонится за своей стрелой, у него репутация ненадежного человека. Деве, по логике вещей, будет очень трудно следить за его вечно неопределенным маршрутом, поэтому при помолвке кентавр должен пойти на хитрость и хорошо относиться к своей Деве. Дева никогда не придумывает интрижек, но, когда появляется подходящий случай, он проявляет любопытство. Дева трезво оценивает ситуацию и не увлекается своими желаниями. Стрелец любит учиться. Чтобы получить максимальную отдачу от этих отношений, Деве следует перестать изучать все в деталях и жить моментом, а Стрельцу - быть очень терпеливым. Если вы оба согласны с этим, ваша сексуальная жизнь будет очень приятной.

В этих отношениях будет присутствовать напряжение, эта пара должна найти общий язык через общие интересы и изучить возможность создать язык, который будет присущ только им.

Стрелец и Весы часто начинают как друзья, оба знака очень интеллектуальны, поэтому они общаются на ментальном уровне. Разумеется, быстро возникает сексуальное влечение. Весами управляет Венера, а Стрельцом - Юпитер, эти две планеты известны как благотворные, этот союз чрезвычайно благожелателен. В жизни этих двух знаков все прекрасно, даже ссоры. Стрельца иногда разочаровывает соблазнительная натура Весов, а Весы могут легко раздражаться от убедительной позиции Стрельца. Но даже в худшем случае Стрелец и Весы прекрасно ладят. Если Весы будут говорить от души, а Стрелец сохранит терпение, то их романтический огонь будет ярко гореть до конца жизни, даже после расставания. Весы более сентиментальны, чем Стрелец, однако между ними существует большая сексуальная совместимость. Понимающие Весы стремятся к удовлетворению и склонны рассматривать сексуальность как искусство. Оба должны создать благоприятные условия для любви.

Стрелец и Скорпион сильно различаются по нескольким параметрам, хотя оба являются страстными людьми. Скорпионом движут эмоции, а Стрельцом - любопытство. Когда они объединяются, эти страсти создают динамичную энергию, направленную на то, чтобы наслаждаться жизнью в полной мере. Секс может помочь им в этом, но для того, чтобы отношения были успешными, необходима предельная самоотдача. Скорпион и Стрелец могут иметь нечто особенное, но для этого им придется приложить немало усилий.

Стрелец и Стрелец, когда они выстраивают свои луки, свои стрелы и садятся на своих лошадей, они отправляются в далекий путь. Эта пара великолепна, вместе они путешествуют, учатся и, что, пожалуй, самое главное, весело проводят время. Ни один из них не относится к жизни слишком серьезно, что может затруднить создание прочных, преданных отношений. Поскольку ни один из кентавров не осмеливается ограничивать другого, паре Стрелец - Стрелец требуется много времени, чтобы стать официальной. Но на самом деле именно такой расклад нравится этим стрельцам, и эта пара всегда будет больше привержена своим индивидуальным романам, чем паре.

Стрелец и Козерог, оказавшись вместе, с самого начала чувствуют напряжение, которое трудно преодолеть. Стрельцом управляет Юпитер, а Козерогом - Сатурн, две планеты, которые в астрологии считаются главными. Юпитер связан с раздвижением границ, а Сатурн - с ограничениями. Подобным образом, эти отношения могут восприниматься как несоответствие. Однако благодаря вдумчивому обмену мнениями и взаимопониманию эти отношения могут быть успешными. Вполне вероятно, что Стрелец никогда не поймет, почему Козерог всегда так осторожен, а Козерог расстраивается из-за жесткого оптимизма Стрельца. В любом случае, эта связь основана на взаимном уважении, и если вы доверяете друг другу и поддерживаете друг друга, то эти отношения способны пережить все проблемы.

Стрелец и Водолей обладают значительной химией. Оба знака независимы, и каждый ценит уникальный подход другого к жизни. Хотя Стрелец более гибок, чем Водолей, оба знака знают, что жизнь существует за пределами их собственной пограничной реальности. Стрелец и Водолей вместе стремятся нарушить правила и бросить вызов устоявшемуся. Уникальность и нонконформизм настолько сильны в этих отношениях, что им трудно сформировать свою идентичность как паре.

Стрелец и Рыбы - эти знаки являются высшим проявлением своей стихии в астрологии. Стрелец — это деревенский огонь, а Рыбы - морская пучина. Поскольку оба знака настолько экспансивны, ни один из них не может полностью поглотить другой. Стрелец будет довольствоваться яркой фантазией Рыб, а Рыбы будут поддаваться внушению со стороны авантюрной души Стрельца. Оба знака - путешественники, поэтому закрепить эти отношения может быть непросто. Однако если оба знака будут довольствоваться менее определенными и более тонкими отношениями, то они станут поистине фантастической парой.

Стрелец и призвание

Стрелец обладает веселым нравом. Это человек, с которым происходят любопытные вещи, поэтому у него всегда найдется, что рассказать.

Они ценят свое и чужое время. Поэтому они уделяют свое внимание только тем людям, у которых, по их мнению, они могут чему-то научиться.

Это вдохновляет и позволяет другим почувствовать себя на вершине мира. Они щедро помогают.

Лучшие профессии

Стрельцы известны тем, что ставят перед собой цель и добиваются ее. Они стремятся получить то, что хотят. Их система убеждений незыблема.

Они обладают природным энтузиазмом и стремятся к новым впечатлениям. Стрельцы не могут стоять на месте и испытывают потребность в исследованиях. Ветеринары, богословы, юристы, дипломаты и туристические агенты.

Признаки, с которыми не стоит вести дела

Стрелец несовместим с Раком и Скорпионом - эти два знака относятся к эмоциональной водной стихии, и им нужно время, чтобы почувствовать себя в безопасности, чего Стрелец не признает в бизнесе.

Признаки, с которыми можно ассоциировать

Он положительно ассоциируется с Рыбами, Весами, Козерогом, Раком и Львом. Эти знаки обладают врожденной способностью к предпринимательству.

Денежные ритуалы

Заклинание для умножения денег.

Вам потребуется:

- 1 купюра любого достоинства

- 1 конверт серебряного или золотого цвета

- 1 Карандаш, шариковая ручка или зеленые чернила

Это заклинание следует произносить в четверг, если это возможно, в момент нахождения Солнца, планеты Юпитер или Марса.

На купюре вы напишете зеленым цветом на одной стороне свое полное имя, дату и место рождения. На другой стороне вы напишете: "Процветание и изобилие присутствуют в моей жизни". Поместите купюру в конверт и запечатайте его. Сложите конверт пополам и положите его под кровать на уровне головы. Там он должен находиться в течение 10 дней. По истечении этого срока купюру необходимо потратить.

Веганское заклинание денег.

Это заклинание наиболее эффективно в период солнцестояния.

Необходимо взять ленту золотого цвета длиной около сорока сантиметров. Возьмите ленту за один конец и завяжите девять узлов.

Завязывая каждый узел, необходимо повторять вслух следующие фразы: "Я начинаю свое заклинание с узла № 1.

С узлом №2 моя работа будет иметь ценность.

С узлом №3 деньги приходят ко мне.

С узлом №4 изобилие стучится в мою дверь. С узлом №5 моя экономика прогрессирует.

С узлом № 6 это заклинание сработало.

С узлом № 7 я получаю успех в том, о чем прошу.

С узлом № 8 фортуна улыбнулась мне.

С узлом № 9 все, о чем я просил, исполнилось". Кассету следует хранить при себе или в таком месте, где вы сможете просматривать ее ежедневно.

Заклинание изобилия.

Вам потребуется:

- 1 яйцо

- 1 лист желтой бумаги

- 1 Перо

- Священная вода

Сделайте в яйце небольшое отверстие и вылейте весь белок и желток. Очистите яйцо внутри и снаружи святой водой.

Затем возьмите небольшой листок бумаги и напишите сумму денег, которую вы хотели бы получить.

Поместите бумагу внутрь яйца.

Внешнюю сторону можно украсить символом денег.

Закопайте яйцо во дворе или в горшке с растением.

Тем самым вы говорите: "В этой стране все мои деньги умножаются и растут".

Ритуал получения денег за три дня.

Возьмите пять палочек корицы, сушеную цедру апельсина, литр воды Полной Луны и серебряную свечу. Отварите корицу и цедру апельсина в лунной воде.

Когда жидкость остынет, поместите ее в бутылку с распылителем. Зажгите свечу в северной части гостиной дома и опрыскайте жидкостью все комнаты. При этом мысленно повторяйте: "Духи-проводники защищают мой дом и позволяют мне получить деньги, в которых я нуждаюсь, немедленно".

По окончании работы оставьте свечу гореть.

Деньги с белым слоном

Купите белого слона хоботом вверх. Поставьте его лицом внутрь дома или предприятия, ни в коем случае не напротив дверей.

В первый день каждого месяца кладите в хобот слона купюру наименьшего достоинства, сложенную вдвое по длине, и повторяйте: "Пусть это удвоится на 100"; затем снова сложите ее по ширине и повторяйте: "Пусть это умножится на тысячу".

Разверните купюру и оставьте ее в хоботе слона до следующего месяца. Повторите ритуал, поменяв купюру.

Ритуал выигрыша в лотерею.

Вам потребуется:

- 2 зеленые свечи

- 12 монет (символизирующих двенадцать месяцев года)

- 1 мандарин

- Палочка корицы

- Лепестки 2 красных роз

-1 стеклянная банка с широким горлом и крышкой

-1 старый лотерейный билет

- Вода полнолуния

В банку положите мандарин, вокруг него - лотерейный билет, монеты, лепестки и корицу, залейте водой Луна и накройте крышкой.

Поставьте свечу на крышку банки и зажгите ее. На следующий день замените свечу на новую, а на третий день вскройте емкость, выбросьте все, кроме монет, которые будут служить амулетом.

Одну монету храните в кошельке, а остальные одиннадцать оставьте дома. В конце года вы должны потратить монеты.

Ритуал для улучшения финансового состояния.

Вам потребуется:

- 12 монет

- Мандариновое масло

- 12 золотых свечей в форме пирамиды

- 1 белая тарелка

- 12 цитринов

- Серебряный чехол

Поместите зажженную свечу в центр тарелки и 12 монет вокруг нее, образуя круг. Рядом с монетами поместите цитрины.

Разведите вокруг него несколько капель мандаринового масла. Держите золотую свечу горящей в течение 12 дней. По истечении этого срока выбросьте остатки свечи. Поместите цитрины и монеты в серебряный мешочек и положите его под матрас у изголовья кровати.

Ритуал - всегда иметь наличные.

Вам потребуется:

- 1 хрустальный бокал

- 15 монет

- 1 счет за текущее использование

- 1 золотая свеча

- 1 новая швейная игла

- 3 аметистовый кварц

Проводить этот ритуал нужно в пятницу в момент нахождения планеты Венера или Солнца.

Поместите внутрь чаши монеты, аметисты и купюру, сложенную вчетверо. Напишите иглой на свече символ денег ($$).

Вы зажигаете свечу и мысленно повторяете: "Изобилие окружает меня, и я требую свою долю того, что я получаю в этой изобильной Вселенной".

Вы берете купюру и прячете ее в бумажник.

Чашу с монетами и аметистами следует поставить слева от двери вашего дома.

Экспресс-заклинание денег.

Это заклинание наиболее эффективно, если произносить его в четверг.

Вы наполняете стеклянную чашу рисом. Затем зажгите зеленую свечу (которую предварительно нужно освятить) и поставьте ее в центр чаши.

Зажгите благовоние с корицей и шесть раз обойдите фонтан с его дымом по часовой стрелке.

Выполняя эту процедуру, мысленно повторяйте: "Я открываю свой ум и сердце для богатства.

Изобилие приходит ко мне, сейчас, и все хорошо.

Вселенная излучает богатство в мою жизнь".

Остатки можно выбросить в мусорное ведро.

Зелье процветания.

В кастрюлю положить семь палочек корицы, семь листьев базилика, ромашку, гвоздику и воду "Полнолуние". Варить 10 минут, после закипания снять с огня и накрыть крышкой, чтобы остыло. Каждый день в 19:00 выпивайте по чашке этого средства, добавляя в него мед по вкусу. Во время питья мысленно повторяйте про себя: "Мое богатство уже внутри меня. Я привлекаю деньги и прекрасные возможности в изобилии. Богатство — это часть моего существования".

Ритуал для выигрыша денег в казино.

Вы должны взять зеленую свечу, желтую свечу, белого слона (фигурку), желтый лист бумаги и золотую чернильную ручку. На листе бумаги вы пишете название казино.

Сверните бумагу и положите ее в хобот слона.

Зеленую свечу ставят справа от слона, а желтую - слева, после чего зажигают их. Этот ритуал наиболее эффективен в четверг в период планеты Юпитер или Солнца.

Ритуал на деньги с Санта-Мурте

Вам потребуется:

- 1 изображение золотого Санта-Мурте

- 7 монет, находящихся в общем пользовании

- 1 магнит

- 1 белая тарелка

- 1 красный пакетик

- 1 золотая лента

- 1 золотая свеча

- 1 новая швейная игла

Вы должны написать иглой слово "процветание" тринадцать раз на золотой свече.

Поставьте эту свечу перед фигуркой, которую вы должны были предварительно положить на белую тарелку с магнитом и монетами.

Вы зажигаете свечу и произносите такую молитву Санта-Мурте: "Дорогая Смерть моего сердца, не оставляй меня своей защитой ни днем, ни ночью, моя госпожа, я прошу тебя открыть мне пути к успеху и удаче, чтобы через это священное пламя все мои мольбы достигли тебя. Благодарю Вас, моя госпожа, за то, что Вы меня услышали". Когда свеча догорит, положите магнит и монеты в красный мешочек, завяжите его золотой лентой. Носите его с собой в течение тринадцати дней.

Затем вы отвозите его на кладбище и оставляете там.

Лучшие страны и города для жизни

Страны: *Саудовская Аравия, Австралия, Чили, Венгрия, Испания, ЮАР, Украина, Мадагаскар, США, Куба, Мексика, Сальвадор, Панама, Колумбия, Португалия, Бразилия.*

Города: *Моравия, Тоскана, Прованс, Набрана, Буда, Кельн, Ноттингем, Шеффилд, Штутгарт, Сантьяго-де-Чили, Санта-Клара, Торонто.*

Благовония и эфирные масла за деньги

Благовония и эфирное масло Пало Санто. Основное его достоинство - духовное очищение, но оно прекрасно подходит для использования, если вы находитесь в периоде переговоров или подписания контракта.

Растения за деньги

Герань: одно из древнейших растений, которому приписывают магические свойства.

Он используется для любви, плодородия и для защиты от колдовства. Еще одно его преимущество заключается в том, что он привлекает в дом деньги.

Кварц для денег

Оранжевый кальцит: используется для привлечения в дом благополучия и изобилия. Он полезен не только для финансов, но и для творчества и самосовершенствования.

Зеленый кальцит - мощный талисман для привлечения богатства в ваш бизнес.

Этот камень вибрирует с энергией финансового изобилия во Вселенной.

Денежные брелоки

Потекли Юпитера, которые гарантируют вам процветание.

Потекли - магические фигуры, способные передавать положительные энергии окружающему миру. Действие пента клей Юпитера проистекает из сочетания букв, знаков и благотворных формул, они графически и мистически символизируют желание. Они четко действуют на психику людей, имеющих с ним визуальный контакт.

Самый большой сборник пента клей содержится в "Ключниках царя Соломона" - сборнике по высшей магии, приписываемом этому библейскому царю. В нем 36 пента клей, имеющих различное назначение, и среди них - семь пента клей Юпитера.

Потекли на Thrive.

Назначение этих пента клей - обеспечение изобилия, разрешение конфликтов на работе и помощь в более непосредственно воспринимают всевозможные блага, дающие большее благосостояние.

Юпитер, так называемый в астрологии Великий бенефис, - планета, связанная с экспансией, оптимизмом, связями с влиятельными людьми и способностью приносить удачу. Рисовать их следует с большой концентрацией и с намерением, чтобы они воплотили вашу волю. Наиболее подходящий материал - лист пергамента. После завершения работы их следует повесить на видное место, например, на кассу или в бумажник (можно распечатать).

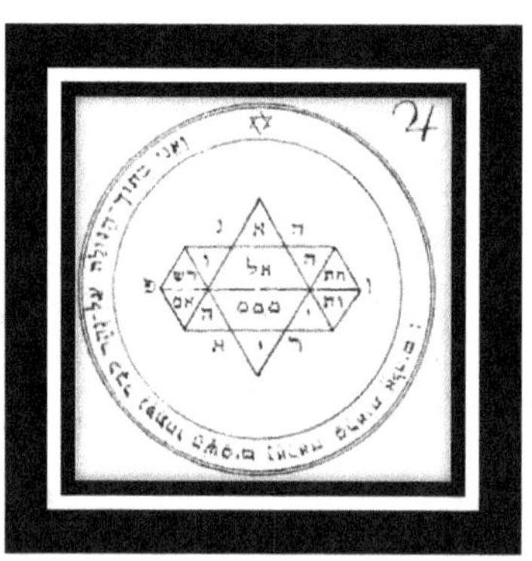

Аффирмации для получения денег

Выполнять эти указы нужно в течение 21 дня, чтобы увидеть результат, по возможности три раза в день. Если вы будете повторять их вслух, то они будут более действенными.

Я совершенное изобилие и божественное богатство.

- Я процветаю в своем бизнесе и финансах.

- Я божественная мудрость, которая разумно формирует все существование. Я спокойно иду через изобилие. Я вижу себя в процветании.

- Я обладаю силой создавать свой собственный мир. Мои мечты материализуются, потому что я упорно иду к ним. Все, к чему я стремлюсь, я достигаю.

Отдых

Отпуск приносит физическую и психическую пользу. Доказано, что отдых снижает уровень стресса и способствует укреплению иммунной системы. Иногда планирование отпуска вызывает стресс, потому что вариантов бесконечное множество и принятие решения становится химерической задачей.

Используя астрологию, понимание вашей личности позволяет определить идеальное для вас место отдыха.

__Овнам__ идеально подойдет курорт "все включено" с активным отдыхом в теплом месте, например, в Пунта-Кане, Канкуне или на островах Теркс и Кайкос. Австралия — это захватывающая страна, которая предлагает массу эмоций, заставляющих сердце биться.

__Тельцу__ очень понравится отдых на роскошном курорте на острове Кайман или роскошный отдых в Дубае, в отеле со всеми удобствами. Италия - идеальная страна, потому что здесь вы найдете все, о чем всегда мечтали: любовь, очарование, роскошь, прекрасную кухню и первоклассные вина.

Близнецы любят чувствовать себя интеллектуально вовлеченными. Путешествия с экскурсиями, например сафари в Африке или изучение видов Галапагос ких островов, предлагают зодиакальному коммуникатору роскошные впечатления.

Рак, короткие поездки в окружении семьи и друзей. Одним из вариантов является Диснейленд, где можно насладиться аттракционами и разнообразной кухней. В Орландо, штат Флорида, есть множество фантастических отелей и курортов, каждый из которых имеет свою уникальную и увлекательную тематику.

Лев, для этого знака фантастически подходит проживание в бунгало над морем на Таити. Альтернативой роскоши, которую любит Лев, может стать аренда частного тропического острова на Мальдивах, Фиджи или Виргинских островах.

Дева, Италия - ваш лучший вариант. В этой стране вы найдете себе занятие по душе. Как земной знак, вы связаны с окружающим миром, и такие места, как Ла-Романа в Доминиканской Республике, Пуэрто-Веха в Коста-Рике и Белу-Оризонте в Бразилии, вдохнут в вас жизнь.

Весы, выбирайте города с музеями. Тропический отдых не принесет Весам такого удовлетворения, как посещение Лувра в Париже, музея Акрополя в Афинах (Греция), музея Прадо в Мадриде (Испания) или галереи Уффици во Флоренции (Италия).

Скорпион, проведите несколько дней на уединенном пляже с алкоголем и массажем. В Греции, на Бали, Сен-Мартене или Гавайях вы найдете все эти предметы роскоши. Посещение объектов культурного наследия, расположенных неподалеку от вашего роскошного отеля, станет необычным сочетанием тропического и культурного отдыха. Мешконос и Рода в Греции - идеальные места для этого.

Стрелец, исследуйте Камина де Сантьяго - сеть совершенно разных путей, ведущих в город Сантьяго де Компостера. Каждый путь имеет свою историю, наследие и магию. Стрелец -

путешественник, жаждущий новых впечатлений, поэтому в Ирландии вы найдете все, что ищете.

Козерог - целеустремленный знак. Отпуск, во время которого можно завязать новые деловые отношения. Китай был бы впечатляющим. У Козерогов есть чувство исторической ценности, которого нет у других знаков, поэтому такие страны, как Израиль и Египет, где присутствует история, позволят Вам чувствовать себя как дома.

Водолей любит новые идеи, неизведанные места и новые отношения. Фантастической страной для посещения может стать Япония не только из-за ее удивительной истории и культуры, но и потому, что каждый из ее регионов может предложить что-то свое.

Рыбы - водный знак, которому по душе тропический отдых. Идеальным вариантом будет отель на берегу моря. Остров "Ла Дик" в Республике Сейшельские Острова, возможно, самый красивый пляж в мире, будет иметь несомненный успех. Рыбы, обладающие спокойным взглядом на жизнь, под управлением Нептуна -

творческий мыслитель. Швеция - страна, которую ему стоит посетить, потому что там он найдет такую же новаторскую культуру, как и он сам.

творческий мыслитель. Швеция - страна, которую ему стоит посетить, потому что там он найдет такую же новаторскую культуру, как и он сам.

Кто является вашей второй половинкой в соответствии с вашим знаком зодиака?

Когда мы слышим термин "родственные души", мы обычно думаем о них как о членах пары, т. е. о тех, с кем вас связывает сильная сентиментально-сексуальная связь. Однако настоящие родственные души не всегда относятся друг к другу с этой точки зрения, а зачастую даже не заинтересованы в сексуальном аспекте отношений.

Вашей родственной душой может быть не только ваш партнер, но и ваш родитель, друг, ребенок, бабушка, дедушка, начальник или сестра.

С астрологической точки зрения и с учетом того, что уроки, которые мы должны усвоить перед выходом на новый духовный уровень, определяют тип аффективных отношений, которые нам необходимо развивать в жизни сегодня, можно сказать, что Рак и Рыбы являются родственными душами Овна.

С Раком и Рыбами Овен может не только лучше концентрироваться и разрешать конфликты без насилия, но и развивать эмпатию, то есть способность ставить себя на место другого и учиться делиться.

Эти два знака не любят конфликтов, а если они и возникают, то они предпочитают диалог любому эпизоду жестокости.

Овен может научить Рака и Рыб не нуждаться в одобрении окружающих, быть более рискованными, не пытаться угодить всем, т. е. быть более напористыми.

Чувственный Телец, враг перемен, врожденный родственник инерции, имеет в качестве родственной души Стрельца и Близнецов - два знака, которые знают, что жизнь — это увлекательное, но не статичное путешествие.

Они могут научить Тельца тому, что не нужно оставаться там, где не нужно, боясь неопределенности, и что всегда будут возникать ситуации или обстоятельства, которых мы не ожидаем и которые не в нашей власти изменить. Тельцу также есть чему научить эти знаки.

Уроки силы воли, чтобы иметь обязательства перед другими людьми, быть преданным тому, что они делают, и продолжать до конца с упорством, без спешки и медлительности. Иметь принципы и быть благоразумным.

Лев может сбалансировать много кармы со своими родственными душами, принадлежащими к Весам и Водолею.

Лев может упрямо придерживаться ошибочной идеи или убеждения из тщеславия; Весы и Водолей знают, что за эгоцентричным человеком скрывается низкая самооценка.

Весы научат Льва хладнокровию и терпимости, использованию аргументации и дипломатии для поддержания ровного общения. Водолей, противоположный Льву знак, наделенный объективностью и справедливостью суждений, так как не подвержен предрассудкам, научит Льва видеть сердца людей, предлагать им свое плечо и говорить сочувственные слова в трудную минуту.

Лев никогда не колеблется при принятии решений, а если и колеблется, то не проявляет этого, что Весам следует практиковать.

Верность - отличительная черта Льва, неизвестная Водолею, и маленькие львята могут давать ему уроки нравственности.

У Дев, известных как перфекционисты из-за их огромного страха перед неудачей, родственными душами являются Скорпион и Козерог. Дева любит быть строгой в своих решениях и имеет прототип практически во всех аспектах своей жизни. Такая избирательность мешает им следовать за движением жизни.

Дева будет буквально разрывать на части весь проект, если посчитает, что он изначально не был идеальным, чего Козерог никогда не сделает, так как его видение позволяет ему увидеть, что всегда можно принять альтернативные меры, не начиная все сначала.

Козерог - знак, уверенный в собственном пространстве, он не принимает бессмысленных решений, как это иногда делает Дева.

С другой стороны, Скорпион может смягчить худшее и усилить лучшее в Деве. Скорпион и Дева имеют практический подход к жизни, однако Скорпион гораздо более жизнелюбив, чем Дева. Скорпион принесет решительность, которой не хватает Деве, а Дева - контроль и рациональность страстному Скорпиону.

Дева сделает Козерога более приятным и игривым на своей стороне, изолируя его от той излишней серьезности, которую он часто демонстрирует на своем лице.

Безумие и знаки Зодиака

На протяжении всей истории человечества безумие представало перед нами как неясная, загадочная и противоречивая истина. Оно пугало нас, мы его игнорировали и даже принимали, и в результате люди, которые якобы страдали от него, отвергались, уничтожались и почитались.

Любое поведение, не согласующееся с нашими рассуждениями, — это не обязательно акт безумия, но иной способ действия.

Ошибкой будет, если мы, испытывая угрызения совести или раздражение от поступков или безрассудства других людей, прогоним их, поскольку это не сделает нас более разумными, уравновешенными или совершенными, а, наоборот, сделает такими же сумасшедшими.

Определение безумия так же сложно, как и определение здравомыслия, но все знаки Зодиака имеют свою степень безумия.

__Рак__: они темпераментны. Это приводит к тому, что они обладают непонятной для постороннего взгляда личностью. Популярность сумасшедшие заслужили благодаря своему непостоянному характеру, который иногда мешает окружающим.

Скорпион: *для счастья им нужны перемены, они могут совершать безумные поступки только для того, чтобы получить хоть какую-то отдачу. Для них вспышка — это нормально, потому что они зависимы от перемен и неистовства.*

Рыбы: *невозможно, чтобы они не заразили вас своим безумием. Их нестабильность и неуравновешенность беспокоят окружающих. Они видят все в радужном свете, из-за чего их называют сумасшедшими, потому что они всегда парят на облаке.*

Близнецы: *славятся своей двойственностью. Иногда они находятся в конфликте с самими собой. Им нравятся вызовы, связанные с опасностью. Они любят планировать импровизированные приключения и всегда готовы перейти границы максимального безумия.*

Лев: *когда огонь поселяется в их голове, им кажется, что все, что окружает их жизнь, важнее всего остального. Они экстравагантны и* придерживаются взглядов, которые для других считаются безумными. Они могут совершать поступки, которые разумный человек никогда бы не совершил.

Овны: они расстраивают себя и всех окружающих. Они упрямы и любят быть первыми во всем, даже если для этого им приходится совершать безумные поступки. Они не умеют отступать, что приводит их к иррациональным поступкам.

Водолей: Бунтарский и свободный знак, которому нисколько не важно, какое мнение о нем сложится. Он ведет себя капризно, с безумными взглядами, ломающими парадигмы.

Стрелец: Он весел, но жесток в своем стремлении к действию. Они не умеют соизмерять последствия своих действий, что многие считают безумием. Не странно видеть их совершенно необузданными, переходящими границы безответственности.

Весы: они жаждут счастья и гармонии, и чтобы получить их, готовы пойти на любые безумства. Они нестабильны, и это заставляет их нарушать взятые на себя обязательства, что многие считают безумием.

Дева: они впадают в крайности и становятся навязчивыми. Их представление о том, чего они хотят, написано на камне, никто не может дать им совет, они не дают себя направлять. Когда их не слушают, они совершают различные глупости.

Телец: когда в их голове рождается идея, никто не в силах ее прогнать, они даже совершают безумные поступки, чтобы подтвердить свою гипотезу. Попробуйте испытать их терпение, и вы узнаете, как далеко заходит уровень их безумия.

Козерог: Он абсолютно ничего не забывает, не прощает и тем более не забывает, если вы сделали что-то не так, не волнуйтесь, потому что он будет напоминать вам всю жизнь, чтобы свести вас с ума. Козерог безумно одержим идеей контроля.

Психология, лежащая в основе лотереи.

Лотерейные игры очень популярны во всем мире.

У каждого из нас есть несбыточная мечта - выиграть в лотерею, ведь иллюзия стать миллионером благодаря удаче, даже если шансы минимальны, - главная причина, по которой люди играют.

Игроки считают, что стоимость лотерейного билета по отношению к прибыли, которую они получат в случае выигрыша, ничтожно мала. Мы всегда воспринимаем риск эмоционально, и если он приносит нам удовольствие, то мы склонны считать риск незначительным и нейтрализовать эмоцию опасности, сосредоточившись только на выгоде.

Игроки рассматривают лотерею как уникальную возможность получить вознаграждение, вложив небольшие деньги и практически не подвергаясь риску.

Игры имеют как традиционные, так и суеверные аспекты. Некоторые люди всегда играют в одни и те же числа, потому что они их любимые, связывают их со знаменательной датой или они им приснились.

Другие играют в определенное время, день или место. Когда мы думаем, что контролируем ситуацию, мы чувствуем себя уверенно, потому что, когда мы сами выбираем числа, а не играем наугад, хотя шансы оказаться правым одинаковы, у нас создается впечатление, что мы управляем судьбой, и шансы складываются в нашу пользу.

Есть люди, которые играют только ради удовольствия, в таких случаях лотерея выходит за рамки экономических затрат, превращаясь в развлечение, которое оживляется, когда они прикидывают, что можно сделать на приобретенные деньги.

Существует пять психологических описаний отдельных игроков в лотерею:

Авантюрист, *которого завораживают игры с большими суммами денег, спекуляции со случайными числами и с запланированными.*

Конкурент, *который настойчиво стремится показать себя через азартные игры, что он ставит на победу.*

Жадный, *не имеющий границ в азартных играх и не боящийся рисковать при ставках.*

Тактик, никогда не играя рискованно, ищет тактику, стратегию и числовые наборы при игре с числами.

Суеверный человек, который всегда играет одни и те же комбинации чисел, использует талисманы, ритуалы или покупает билеты на определенную дату и в определенном месте.

Существует ли хитрость или формула выигрыша в лотерею?

Этот вопрос до сих пор остается без ответа. Многие предполагают и утверждают, что вероятность того, что вас ударит молния, выше, чем вероятность выиграть в лотерею. Другие же с большим упорством и тонкостью изучают шансы.

Игра в лотерею, да и любая другая азартная игра, если она ведется в меру, — это дешевый способ приобрести иллюзии и уверенность в завтрашнем дне. Сложность возникает тогда, когда человек не контролирует свои порывы к игре, порождая зависимость от азартных игр и впадая в компульсивный гэмблинг.

Игроман — это человек, которому азартные игры доставляют большие трудности на работе и в семейных отношениях, поскольку проигрыши побуждают его играть на более крупные суммы с целью вернуть потерянные деньги. Это *становится замкнутым кругом, и единственным способом его разрешения является психотерапевтическое лечение.*

Лучшие подарки для знаков зодиака

Подарок — это универсальный способ показать, что мы заботимся о человеке и ценим его, но покупка подарка может стать сложной задачей, а для некоторых - настоящей головной болью.

Планеты могут помочь вам один раз, зная знак зодиака человека, вы сможете сделать идеальный подарок.

Огненные знаки: Овну, Льву и Стрельцу *нравятся подарки, которые заставляют их чувствовать свою значимость, связанные со спортом, путешествиями, техникой.*

Этим знакам очень понравится профессиональный цифровой фотоаппарат, последняя модель iPhone, билет на самолет с включенным отелем в экзотическое туристическое место или с историческим прошлым, деловая литература, спортивная одежда или тренажеры, лотерейные билеты, бутылки изысканного вина и эксклюзивная брендовая обувь.

Тельцы, Девы и Козероги, *принадлежащие к стихии Земли, иногда бывают традиционны, но* это не значит, что им не нравятся подарки от признанных брендов.

Порадует картина известного художника, ремень или портфель для хранения рабочих бумаг, портмоне с инициалами, фирменная парфюмерия, массаж или процедуры для тела, домашнее животное, халаты, уютные пижамы или даже аром диффузоры.

Воздушные знаки: Близнецы, Весы и Водолей - не материалисты, и функциональность подарка для них гораздо важнее цены. Их воображение богато, и все, что стимулирует эту способность, им нравится.

Сотовый телефон, компьютер или IPad, книги по личностному росту, духовности, философии и альтернативным методам лечения, курсы самопомощи и расширения экономических возможностей, телескоп, билеты в оперу или театр, животное, которое не нужно держать в клетке, кварц, эфирные масла, благовония и одеколон после ванны будут высоко оценены этими знаками.

Рак, Скорпион и Рыбы, водные знаки, будут в восторге от персонализированных подарков.

Посуда для приготовления пищи, романтический ужин на пляже под луной, расслабляющий массаж в спа-салоне, смелое нижнее белье, тапочки или удобный диван для просмотра телевизора, бутылка шампанского, ароматические свечи, амулеты, книги по астрологии, набор карт Таро, лосьоны, духи и косметические принадлежности, вино, печенье, консервы и всевозможные деликатесы - вот список подарков, которые эти знаки примут с большим удовольствием.

Дарить подарки — это благословение, это жест щедрости; дарение подарков — это символический акт, который представляет собой комплимент, внимание к тому, кого мы хотим порадовать, и символизирует привязанность, которую мы исповедуем.

Когда мы дарим подарки, отношения улучшаются и укрепляются, появляется радость.

Знаки зодиака и их страхи.

Двенадцать знаков Зодиака символизируют двенадцать основных архетипов человеческой личности, но в то же время они являются психологическими прототипами, поэтому каждый из знаков Зодиака обладает совершенно конкретным и личностным страхом.

Давайте вспомним, что страх — это важнейший механизм тревоги и защиты человека. Он становится проблемой только тогда, когда становится чрезмерным.

*Страхи — это неуверенность в себе, и иногда мы проецируем их на противоположные действия, как это происходит со знаком **Овна, который** известен своей железной волей, ничто и никто его не парализует. Они любят все контролировать, а их самый укоренившийся страх - потерпеть неудачу или попросить о помощи, поскольку для них это синоним слабости.*

***Телец** - самый упрямый из земных знаков. Их пугают перемены, а также нехватка денег, они всю жизнь копят, потому что их пугает бедность.*

Близнецы, коммуникаторы Зодиака, немного тревожны и неуверенны в себе, они стараются привлечь к себе внимание, потому что боятся выглядеть скучными. Законные дети Луны, Раки любят свою зону безопасности, потому что там их никто не может обидеть, они боятся одиночества и отверженности.

Лев, король зодиака, лидеры и храбрецы, не рождены для того, чтобы проигрывать. Их самый укоренившийся страх - остаться незамеченными; они предпочитают, чтобы о них говорили плохо, но не игнорировали.

Мастер аккуратности **Дева** иногда становится навязчивым в вопросах здоровья, поэтому они ипохондрики. Их главный страх - заболеть, но больше всего их пугает неорганизованность.

 Исключительно интеллектуальные **Весы** нерешительны, и в этом кроется их главный страх - принимать решения. Еще один их страх - одиночество.

Загадочные и обольстительные **Скорпионы** обладают памятью слона, они боятся предательства и, если вы сделаете что-то, что им не понравится, они будут скрывать это от вас вечно. Никогда не храните секреты от Скорпиона.

Авантюрист по знаку зодиака, **Стрелец** панически боится обязательств, потому что их требования пугают. Они очень веселы, но за улыбкой скрывается страх быть обманутым.

Требовательные до крайности, **Козероги** никогда не отступают от своих целей; их главный страх - совершить ошибку, особенно на профессиональном уровне. Они самоотверженны и боятся не достичь своей мечты.

Бунтари и **утописты-Водолеи** боятся потерять свободу, это означало бы утрату собственной сущности. У них всегда много дружеских связей, но ни одна из них не связывает их. Они нуждаются в группе, но не хотят, чтобы группа нуждалась в них.

Мир - синоним **Рыб**, они ненавидят конфронтацию. Сострадательные до глубины души, они боятся видеть, как страдают другие.

Они немного неуверенны в себе, испытывают страх сцены и боятся отказа.

В некоторых старых книгах по астрологии Сатурн полностью отвечает за страх в натальной карте, я же считаю, что для возникновения страха необходимо проявление союза нескольких планет с соответствующими энергиями.

То есть страхи представлены различными планетами, связанными аспектами, нет конкретной планеты, которая обязательно связана с развитием того или иного вида страха.

Луна в Стрельце

Если у Вас Луна в Стрельце, Вы любите свободно исследовать и расширять свои горизонты. Вы страстны и любите делиться своими чувствами.

Вам нравится чувствовать себя активным, взаимодействовать с другими людьми, культурами и философиями. Вы всегда готовы к приключениям и открыты для познания нового.

Самая маленькая ложь для Вас - большая проблема, потому что поиск правды необходим для того, чтобы чувствовать себя в безопасности. Вы можете простить все, кроме лжи и предательства.

Вы должны чувствовать, что у Вас достаточно свободы, чтобы исследовать свой собственный путь и открыть свою собственную истину.

Когда вы чувствуете угрозу, ваша немедленная реакция - бежать. Если вас что-то не устраивает или вы не чувствуете себя в безопасности, вы уйдете.

Ваша свобода и ваша правда - самые важные аспекты вашей безопасности. Как только одного из них не будет хватать, Вы захотите покинуть ситуацию или выйти из отношений.

Они никогда не позволяют трудностям разочаровать их, потому что, даже если прошлое или настоящее мрачно, они всегда надеются на лучшее будущее.

Они ненавидят рутину или постоянные проблемы, им нужен "клапан для отвода глаз".

Они романтичны в отношениях, однако их эмоциональная сторона не любит ревности.

Они жаждут сильных эмоций.

Люди, родившиеся с Луной в Стрельце, оптимисты по своей природе. Они слепо верят в будущее, и это позволяет им идти на риск, который может быть как хорошим, так и плохим одновременно.

Это люди с сильной потребностью в свободе, которые становятся подавленными, если чувствуют себя связанными.

Они очень преданы себе, но не эгоистичны.

Значение знака Асцендент

Знак Солнца оказывает большое влияние на то, кто мы есть, но Асцендент — это то, что действительно определяет нас, и это даже может быть причиной того, что вы не идентифицируете себя с некоторыми чертами вашего знака Зодиака.

Действительно, энергия, которую дает вам ваш солнечный знак, заставляет вас чувствовать себя не так, как все остальные люди, поэтому, когда вы читаете свой гороскоп, вы иногда чувствуете себя идентифицированным и придаете смысл некоторым предсказаниям, и это происходит потому, что он помогает вам понять, что вы можете чувствовать и что с вами произойдет, но он показывает вам только процент того, что может быть на самом деле.

Асцендент отличается от знака Солнца тем, что он отражает то, кем мы являемся поверхностно, то есть то, как другие видят вас или энергию, которую вы передаете людям, и это настолько реально, что вы можете встретить человека и, предсказав его знак, обнаружить его знак Асцендент, а не знак Солнца.

В целом, характеристики, которые вы видите в человеке при первой встрече, — это Асцендент, но поскольку наша жизнь зависит от того, как мы относимся к другим людям, Асцендент оказывает большое влияние на нашу повседневную жизнь.

Объяснить, как вычисляется или определяется знак Асцендент, достаточно сложно, поскольку он определяется не положением планеты, а знаком, восходящим на восточном горизонте в момент вашего рождения, в отличие от вашего солнечного знака, который зависит от точного времени вашего рождения.

Благодаря технологиям и Вселенной сегодня узнать эту информацию проще, чем когда-либо, конечно, если вы знаете время своего рождения, или если вы имеете представление о времени, но запас не превышает нескольких часов, потому что существует множество сайтов, которые производят расчеты путем ввода данных, astro.com - один из них, но их бесконечное множество.

Таким образом, читая свой гороскоп, вы можете также прочитать свой Асцендент и узнать больше индивидуальных деталей, и вы увидите, что с этого момента ваш способ чтения гороскопа изменится, и вы узнаете, почему этот Стрелец такой скромный и пессимистичный, если на самом деле он такой преувеличенный и оптимистичный, и это, возможно, потому, что у него Асцендент Козерога, или потому, что этот коллега Скорпион всегда говорит обо всем, без сомнения, у него Асцендент Близнецов.

Я собираюсь обобщить характеристики различных Асцендентом, но это также очень общее описание, поскольку эти характеристики изменяются планетами в соединении с Асцендентом, планетами, аспектирующими Асцендент, и положением планеты-управителя знака в Асцендент.

Например, человек с Асцендентом Овна, у которого управляющая планета Марс находится в Стрельце, будет реагировать на окружающую среду несколько иначе, чем другой человек, также с Асцендентом Овна, но у которого Марс находится в Скорпионе.

Точно так же человек с Асцендентом Рыб, у которого Сатурн находится в соединении с ним, будет "вести себя" иначе, чем человек с Асцендентом Рыб, у которого нет этого аспекта.

Все эти факторы изменяют Асцендент, астрология очень сложна, и гороскопы не читаются и не составляются с помощью карт Таро, поскольку астрология — это не только искусство, но и наука.

Часто можно спутать эти две практики, и это связано с тем, что несмотря на то, что это два совершенно разных понятия, они имеют ряд общих моментов. Одним из таких общих моментов является их происхождение, которое заключается в том, что обе процедуры известны с древнейших времен.

Они также схожи по используемым символам, так как в обоих случаях речь идет о неоднозначных символах, которые необходимо интерпретировать, что требует специального чтения и обучения, чтобы знать, как интерпретировать эти символы.

Различий тысячи, но одно из главных состоит в том, что если в Таро символы совершенно понятны на первый взгляд, являясь образными картами, хотя и необходимо знать, как их хорошо интерпретировать, то в астрологии мы наблюдаем абстрактную систему, которую необходимо знать прежде, чем интерпретировать, и, конечно, надо сказать, что, хотя мы и можем распознать карты Таро, любой человек не может их правильно интерпретировать.

Толкование также является отличием этих двух дисциплин, поскольку если в таро нет точной привязки ко времени, так как карты располагаются во времени только благодаря вопросам, задаваемым в соответствующем раскладе, то в астрологии есть привязка к конкретному положению планет в истории, и системы толкования, используемые в обеих дисциплинах, диаметрально противоположны.

Астрологическая карта — это основа астрологии и самый важный аспект для составления прогноза. Чтобы чтение было успешным и позволило узнать больше о человеке, астрологическая карта должна быть идеально проработана.

Для составления карты рождения необходимо знать все данные о рождении человека, о котором идет речь.

Он должен быть точно известен, начиная с точного времени его доставки и заканчивая местом, где он был выполнен.

Положение планет в момент рождения покажет астрологу те точки, которые необходимы ему для составления карты рождения.

Астрология — это не только знание своего будущего, но и знание важных моментов своего существования, как настоящего, так и прошлого, чтобы принимать более правильные решения для определения своего будущего.

Астрология поможет вам лучше узнать себя, чтобы изменить то, что мешает вам, или усилить свои качества.

И если астрологическая карта является основой астрологии, то гадание на таро является основополагающим в последней дисциплине. Как и от того, кто составляет астрологическую карту, от провидца, который составляет расклад Таро, зависит успех вашего чтения, поэтому лучше всего обратиться к рекомендованным гадателям, и хотя, конечно, вы не сможете ответить конкретно на все вопросы, которые задаете себе в жизни, правильное чтение расклада Таро и карт, которые выходят в раскладе, поможет сориентироваться в решениях, которые вы принимаете в своей жизни.

Таким образом, и астрология, и таро используют символизм, но главный вопрос заключается в том, как весь этот символизм интерпретируется.

человек, действительно владеющий обеими техниками, несомненно, окажет большую помощь тем, кто обратится к нему за советом.

Многие астрологи совмещают обе дисциплины, и регулярная практика показала мне, что обе они обычно очень хорошо сочетаются, обогащая все вопросы предсказания, но это не одно и то же, и нельзя составить гороскоп по картам Таро, как нельзя составить Таро по астрологической карте.

Асцендент в Стрельце

Люди с Асцендентом в Стрельце имеют благородные идеалы и возвышенные цели.

Этот Асцендент является синонимом исследований, путешествий и оптимизма. Люди с таким Асцендентом воспринимают жизнь как путешествие и наслаждаются дорогой и тем, что появляется как плод судьбы.

Чтобы чувствовать себя полноценными, эти люди должны иметь цели и задачи. То, как они живут, вдохновляет окружающих.

Эти люди должны быть осторожны, потому что они могут погибнуть от преувеличения и изобилия, живя не по средствам.

Асцендент Овна - Стрельца

Овны с Асцендентом Стрельца - энергичные люди, которых ничто не пугает и которые очень уверены в себе. На их губах всегда сияет улыбка.

В профессиональной сфере они склонны быть лидерами и, как правило, преуспевают в профессиях, требующих инициативы. Им присущи энтузиазм и оптимизм, благодаря чему они не только инициативны, но и любят постоянно развиваться. В профессиональном плане они хорошо проявляют себя на должностях, требующих открытого мышления и лидерских качеств.

В романтических отношениях им, скорее всего, будет легко найти партнера и это продлится долгое время, хотя на этом пути может возникнуть интрижка.

Иногда они эгоистичны и безответственны в своих поступках. Они могут быть увлечены страстью и рисковать, совершая опасные поступки.

Телец - Асцендент Стрельца

Стрелец на Асцендент Тельца отличается щедростью и позитивностью в жизни.

В профессиональном плане эти люди - трудяги, известные своей настойчивостью и старанием. Они успокаиваются только тогда, когда достигают поставленных целей, которые всегда выполняются безупречно благодаря их требовательности и стремлению к совершенству.

В эмоциональном плане они ценят простоту в любовных отношениях и превосходят их в чувственности и страсти. Когда эти люди влюблены, они делают все возможное, чтобы сохранить верность и выполнить свои обязательства перед партнером.

Такие люди склонны работать сверх меры, не считаясь с собственными ограничениями и часами отдыха.

Близнецы - Асцендент Стрельца

Близнецы-Асцендент-Стрелец - гармоничное сочетание. Для этих людей очень важно, чтобы рядом с ними был человек, вызывающий симпатию, предлагающий приятный и некритичный диалог.

Несмотря на перепады настроения, они делают все возможное, чтобы жизнь была интересной и не давала скучать.

В профессиональном плане их характер универсален и адаптивен, что позволяет им выполнять несколько ролей одновременно. Близнецы с Асцендентом Стрельца часто не могут найти длительного удовлетворения и самореализации, что приводит к частой смене работы.

В любовных отношениях страсть не является главным фактором, для них важно установление здорового братского товарищества, которое позволяет создать более прочную и долговременную связь.

Эти люди склонны к эфемерным и поверхностным отношениям. Их постоянный поиск общения и врожденная склонность к страстным переживаниям могут привести к неудовлетворительным отношениям.

Рак - Асцендент Стрелец

Рак Асцендент Стрельцы - экстравертные люди, умеющие поддерживать социальные отношения. Стрелец.

В профессиональном плане этим людям сопутствует удача, и это напрямую отражается на их финансовой жизни. Они всегда вовлечены в многочисленные бизнес-проекты и деятельность.

В любовных отношениях они переживают серию интенсивных влюбленностей. Влияние Стрельца ослабляет озабоченность Раков стабильностью отношений, они больше сосредоточены на настоящем. Их отношения, как правило, весьма чувственны, и они придают большое значение сексуальности.

Лев - Асцендент Стрельца

Стрельцы на Асцендент Льва смелы и часто испытывают естественное желание погрузиться в интенсивные и значимые переживания. Их привлекают самые разнообразные интересы, но их страсть склоняется к исследованиям и дальним путешествиям. Они обладают врожденным стремлением ставить перед собой важные цели и добиваться их.

В сфере труда они обычно отличаются целеустремленностью и амбициозностью. Если они находят проект, который их увлекает, они доводят его до конца, не позволяя препятствиям остановить их. Они обладают удивительным стремлением к успеху и природным талантом к бизнесу.

В эмоциональном плане их оптимизм и жизнерадостность оказывают заразительное воздействие на окружающих. Они наделены удивительной способностью к обольщению.

Они любят любовь и мимолетные отношения, но с трудом берут на себя длительные обязательства.

Дева - Асцендент Стрельца

Асцендент Дева-Стрелец обладают интеллектуальными способностями, позволяющими им добиваться больших успехов в жизни. Однако склонность к переменам заставляет их легко изменять ход своих целей, отклоняясь от желаемого.

На работе амбициозность и стремление к самопознанию приводят их к достижению значительного авторитета. Иногда из-за нерешительности и разносторонности интересов они не достигают поставленных целей.

В эмоциональном плане эти люди обладают интенсивной чувственностью, обнажающей их самые сокровенные и глубокие желания. Когда они находят партнера, который понимает их сложную личность, они раскрывают дикую сторону себя, которая, с одной стороны, является осторожной, а с другой - независимой.

Весы - Асцендент Стрельца

Весы с Асцендентом Стрельца - необычайно общительные люди.

Этим людям подходит любая работа, которая дает им творческую свободу и возможность взаимодействовать с другими людьми.

Когда Весы влюбляются, их врожденная склонность к гармонии усиливается дополнительной порцией оптимизма. Эти люди глубоко ценят отношения и умеют уважать партнера.

Стрелец на Асцендент Весов склонен торопиться с принятием эмоциональных решений. Это часто приводит к преждевременным обязательствам и романтическим неудачам.

Скорпион - Асцендент Стрельца

Стрельцы на Асцендент Скорпиона выглядят более доступными, чем они есть на самом деле, что создает парадокс, присущий этому сочетанию. Им необходима определенная степень изоляции, чтобы чувствовать себя в безопасности, и они часто демонстрируют экстравертную личность.

В трудовой деятельности они более мотивированы на работу, требующую исследований. Они отзывчивы и досконально выполняют все, что им поручают.

Эмоционально они обладают мощным магнетизмом по отношению к окружающим, это, как правило, очень привлекательные люди.

Иногда они склонны стремиться контролировать, вмешиваться и направлять ход жизни других людей.

Стрелец - Асцендент Стрельца

Такое сочетание усиливает типичные черты Стрельцов, выделяет их оптимизм и уверенность в себе. Они очень прямолинейны в своих высказываниях, иногда могут обидеть других и всегда стараются извлечь урок из всего, что происходит с ними в жизни.

В своей работе они ставят перед собой высокие цели, потому что любят бросать себе вызов. Если им нравится то, чем они занимаются, они без колебаний выкладываются по полной.

По ощущениям это люди с заниженной самооценкой, нуждающиеся во внешнем подкреплении, которое подскажет им, что они чего-то стоят. Это, как правило, честные люди, которые всегда будут вести себя так, как есть, без масок.

Козерог - Асцендент Стрельца

Козероги с Асцендентом в виде Стрельца требовательны и скрупулезны.

В профессиональном плане они обладают объективной оценкой своих возможностей. Они амбициозны и настойчивы.

Они очень серьезно относятся к своим отношениям и считают себя привлекательными и завоевательными людьми.

Эти люди колеблются между чрезмерной грандиозностью Стрельца и ограничениями, накладываемыми Козерогом. Иногда их жадность ограничивается не только финансовым аспектом, но и отсутствием этических ценностей.

Водолей - Асцендент Стрельца

Водолеи с Асцендентом в Стрельце - люди очень подвижные, находящиеся в постоянном поиске знаний. Они очень коммуникабельны и способны к сопереживанию.

На работе им удается завершать крупные проекты. Они любят расширять свой кругозор и выводить все на новый уровень.

В отношениях их привлекает неизвестное и новое, поэтому им трудно оставаться связанными отношениями.

Такие люди могут быть очень нетерпеливыми и браться за слишком много дел, не доводя их до конца.

Рыбы - Асцендент Стрельца

Рыбы с Асцендентом Стрельца очень преданы своей семье, они любят защищать. Они очень чувствительны, интуитивны и ответственны.

Им бывает трудно установить прочные аффективные связи, поскольку они постоянно ищут новые, не имея возможности закрепить старые. Им сложно иметь стабильного партнера.

Они очень эмоциональны и в любой момент могут потерять голову. Им трудно принимать сложные решения.

Сатурн в Рыбах - одно из важнейших астрологических событий.

7 марта 2023 года стало одним из самых важных дней в астрологическом календаре этого года. Сатурн, суровый учитель и повелитель кармы, вступил в противоборство с Рыбами, мечтателями. Нынешний транзит Сатурна по знаку Рыб, который продлится до февраля 2026 года, оказался не самым приятным.

Сатурн - планета ответственности и строгой власти, дисциплинирующая и структурирующая нас во время своих транзитов по знакам Зодиака. Сатурн хочет убедиться в том, что мы достигаем своих целей, и когда эта планета проходит через Рыб, самый духовный знак, нам будут сделаны некоторые важные предложения.

Плутон и Сатурн, смещаясь в таком унисоне, вызовут гигантский энергетический вулкан и гарантированно станут незабываемым периодом. Это может показаться формулой битвы, но такое энергетическое сочетание может быть эффективным и прибыльным.

Сатурн в Рыбах не удовлетворен. Ему трудно создавать структуры и строить реальность, когда все смещается. Рыбы - двойственный знак, поэтому он может выражать себя противоположными способами; он может быть как трансцендентным, так и практичным. Есть вероятность, что Сатурн в Рыбах указывает на строительство форм над или под водой, или на господство над водой, например, трубопроводов, акведуков, портов. Но он также может указывать на разрушение этих сооружений из-за ураганов или хрупкости конструкции.

Архетип Рыб противоречит Сатурну. Он олицетворяет утопию, творчество, духовность и эзотерику, а также мечты, иллюзии, ложь и эскапизм. Он символизирует стремление течь подобно морю, разрушая границы и ограничения.

Последний транзит Сатурна в Рыбах проходил с мая 1993 года по апрель 1996 года. На этом этапе проявились результаты распада Советского Союза в 1989 году, который вызвал последствия во всем мире и разрушил российскую экономику. В 1994 году Россия развязала первую чеченскую войну, которая продолжалась до 1996 года.

Международный уголовный трибунал по бывшей Югославии был создан в Гааге в мае 1993 года для судебного преследования военных преступлений, совершенных во время югославских войн в начале 1990-х годов.

 С другой стороны, боснийская война между хорватами, боснийцами и сербами *сопровождалась жестокостями и этническими чистками, различными казнями. Война закончилась в 1995 году, и большинство командиров боснийских сербов были осуждены за геноцид и преступления против человечности. В 1994 году начался геноцид в Руанде, когда банды хату убили более 700 тыс. тутси, в ходе резни было изнасиловано несметное количество женщин, которая, наконец, закончилась в июле. Кризис разоружения Ирака после окончания первой войны в Персидском заливе бушевал с большим шумом и отсутствием доверия между его участниками. Секта в Швейцарии под названием "Орден Солнечного Храма" совершила ряд преступлений и массовых самоубийств, а здесь, в США, Тимоти Маквей убил 168 человек во время взрыва в Оклахома-Сити.*

Именно во время этого транзита Сатурна по Рыбам Од. Симпсон был арестован за убийство своей бывшей жены и бойфренда и освобожден после длительного судебного процесса, который был весьма эффектным в голливудском стиле.

В Лондоне Фред Уэст и его жена Роуз были заключены в тюрьму после того, как на их заднем дворе были обнаружены тела многочисленных жертв убийств.

В ЮАР прошли первые многорасовые выборы, президентом страны был избран Нельсон

Мандела, который впоследствии отменил смертную казнь в этой стране. Россия и Китай подписали соглашение о прекращении провоцирования друг друга своими ядерными устройствами, а Договор о нераспространении ядерного оружия был бесконечно усилен 170 странами. В Австралии была достигнута договоренность о выплате компенсации коренному населению, выселенному во время ядерных испытаний в 1950-1960-е годы.

Среди других событий во время транзита Сатурна в Рыбах - религиозные течения, идеологические движения, такие как социализм и левизна, передача болезней и инфекций, деструктивное поведение, вызванное паникой, рост употребления наркотиков и развитие всех видов искусства, а также средств морского транспорта.

Сатурн в Рыбах будет следить за тем, чтобы мы не могли использовать духовность или страх, чтобы избежать определенных конфликтов, с которыми нам придется столкнуться. Мы можем медитировать, уехать на сто лет в Тибет, использовать самые мощные мантры во Вселенной, но в какой-то момент мы должны действовать.

В последние несколько лет, когда Сатурн проходил транзит по Водолею, возникла необходимость сосредоточиться на индивидуальности и быть более искренними, а не терпеть принуждение со стороны окружающих. Хотя Водолей - знак, известный тем, что танцует под свою дудку, Сатурн, связанный с ограничениями, побуждает нас остаться наедине с собой (вспомните ограничения во время пандемии) и посмотреть, куда мы можем поместить себя, чтобы создать здоровые границы.

Все эти уроки подготовили нас к тому, что нас ожидает с Сатурном в Рыбах. Мы начнем более осмысленно подходить к вопросу о том, как привнести духовность в нашу повседневную жизнь, сохраняя при этом понимание того, как следует себя структурировать. Многие люди откажутся от религий и догм или поставят их под сомнение.

Конечно, есть много тех, кому этот период не понравится, среди них - религиоведы и те, кто пропагандирует теории заговора. Мы увидим конфликты между людьми, исповедующими разные религии, и множество тенденций, направленных на то, чтобы доминировать над тем, во что верят другие.

Мы должны принять тот факт, что, если другие не согласны с нашими убеждениями, это не значит, что они не правы. Это просто указывает на то, что их взгляды отличаются, ведь в итоге Рыбы выступают за всеохватность. То, чего нам не хватает.

Поскольку Рыбы и Нептун управляют бизнесом развлечений, крупные студии и звукозаписывающие компании закроются, и многие артисты, имевшие отношение к этим студиям, решат создать свои собственные. Если Вы являетесь художником, то в Ваших интересах использовать свой труд с пользой для себя, а не позволять крупным компаниям, находящимся на вершине, наслаждаться дивидендами.

Снизится интерес к спецэффектам и усилится ориентация на самодостаточные фильмы и темы, отражающие повседневность. Мы будем ценить окружающую нас красоту и меньше ориентироваться на гламур.

Карма часто воспринимается нами как нечто злое, однако, если вы вели себя хорошо, то не так уж плохо пожинаете то, что посеяли. Работа с кармическим и подсознательным багажом, осознание прошлого и готовность отпустить его - решающий фактор для управления этим транзитом и успешного выхода из него.

Если вы уклонитесь от этого, Сатурн накажет вас, но, если вы примете это, вы придете в место, которое предопределено для чего-то великого.

Положение Сатурна в нашей натальной карте указывает на то, где мы вынуждены взять под контроль реальность и принять на себя большую ответственность. Рыбы - последний знак Зодиака, поэтому движение Сатурна здесь также указывает на завершение или точку окончания гораздо более масштабного цикла.

Рыбы - водный знак, олицетворяющий свет, тьму и невидимые миры. Он известен своими абстрактными идеями и творчеством. Рыбы - мотобольный знак, что означает, что он адаптируется и открыт для энергий окружающего мира. Сатурн - очень твердая энергия. Он управляет законом, ответственностью и ограничениями, и его энергия иногда может быть похожа на сигнал тревоги, возвращающий нас к реальности, и заставляющий столкнуться с последствиями своих действий.

Присутствие Сатурна в Рыбах может показаться несколько тяжелым из-за всего этого, так как обычно водная, интуитивная и чувствительная энергия Рыб будет вынуждена стать более сдержанной.

Чтобы лучше понять это, можно рассуждать так: если Рыбы — это плавно текущая вода, то присутствие Сатурна будет создавать плотины, и эти плотины могут направлять воду в продуктивное и полезное русло, но могут также ощущаться как угнетающие или контролирующие. Однако существует способ создать баланс между этими двумя энергиями, поскольку творческие, неосязаемые и внешние идеи, свойственные энергии Рыб, могут укорениться благодаря Сатурну.

Сатурн обладает практической энергией, поэтому, если соединить его с творческим потенциалом Рыб, можно достичь баланса, который поможет нам воплотить наши творческие идеи в жизнь или даже превратить их в бизнес.

Рыбы также связаны с религией и духовностью, поэтому под влиянием Сатурна может возникнуть множество вопросов о религии и духовности и о том, как они связаны с правилами, управляющими обществом; духовная индустрия также может получить импульс к развитию под влиянием этой энергии, или на личном уровне изменится Ваше собственное отношение и убеждения относительно Ваших духовных или религиозных связей.

На самом деле Сатурн хочет, чтобы мы сделали шаг вперед, взяли на себя ответственность за свою жизнь и действовали в соответствии со своим подлинным "я". Сатурн может наложить ограничения, которые заставят нас почувствовать себя в ловушке или подавленными, но это только для того, чтобы мы могли найти время для того, чтобы понять, чего мы действительно хотим и что готовы отстаивать.

Ниже вы можете прочитать обобщенную информацию о том, что принесет транзит Сатурна в Рыбах для каждого знака Зодиака. Если Вы хотите получить больше пользы от этой информации, я рекомендую Вам прочитать ту, которая предназначена для Вашего знака Асцендент, если он Вам известен, а затем смешать интерпретации.

Другой способ получить дополнительную информацию об этом мощном планетарном транзите - вспомнить темы, которые развивались в вашей жизни в последний раз, когда Сатурн находился в Рыбах, то есть с 1994 по 1996 год, чтобы получить дополнительную информацию о том, что может принести вам этот цикл.

Как это отразится на знаке Стрельца?

Сатурн в Рыбах активизирует божественный угол вашей карты рождения. Этот угол затронет вопросы, связанные с тем, кто вы есть и кем вы предстаете перед миром. Являются ли эти два понятия одним и тем же, или же вы представляете миру разные версии себя? Насколько глубоко Вы знаете себя?

Все мы носим маски, на нас влияют мнения окружающих и ожидания общества. Все мы в той или иной степени меняем свое поведение, когда находимся рядом с определенными людьми. И хотя это в какой-то степени естественно и нормально, Сатурн в Рыбах поможет вам сбросить маски, которые больше не служат вам.

Это время, когда нужно быть честным с самим собой и с тем, кто вы есть на самом деле.

Больше не нужно притворяться, не нужно прятаться за перфекционизмом или убегать от проблем. Больше не нужно искать очередное приключение, чтобы отвлечься от реалий своей жизни.

Вы будете вынуждены быть реальным с самим собой, чтобы вернуться домой, чтобы соединиться со своими корнями и с тем, кто вы есть на самом деле, вдали от всех масок и ожиданий, которые на вас возлагались. В этом путешествии вы, вполне возможно, вернетесь домой или будете нуждаться в близости к своей семье. Возможно, вам придется пересмотреть свои детские раны или обнаружить, что близость с семьей вызывает в вас определенные шаблоны.

С другой стороны, потребность вернуться домой может быть и просто потребностью вернуться домой внутри себя или пустить корни там, где вы чувствуете себя стабильно. Существует потребность привнести в свою жизнь больше стабильности, утвердиться в каком-то доме.

 Дом — это место, где находится сердце, так что это вполне может быть применимо и здесь, но также не будет удивительным, если определенные факторы возникнут для вас вокруг вашего дома или вашей жизни.

Энергия Сатурна в Рыбах оказывает на Вас очень стабильное влияние. Если Вы хотели купить недвижимость, продать ее или сделать ремонт в доме, то эта энергия может быть очень благоприятной. Конечно, всегда важно следовать своим собственным инстинктам, но в центре внимания находится домашняя обстановка.

Эта энергия также может быть очень благоприятной, если Вы хотите создать семью или вступить в более близкие отношения с кем-то. Сатурн в Рыбах привносит в Вашу жизнь корни, и по мере того, как Вы видите, как эти корни становятся интегрированными, это может помочь Вам лучше понять, к чему Вы действительно хотите быть привязаны.

Иногда, когда мы не полностью вовлечены в процесс, даже если это происходит неосознанно, мы не в полной мере осознаем последствия того, что мы делаем и кто нас окружает.

 Но когда Сатурн пускает перед нами корни, ставки становятся выше, и нам становится легче понять, к чему мы хотим быть привязаны, а к чему нет.

Возможно, присутствие этих корней станет для вас своего рода пробуждением, помогающим осознать, что предназначено для вас, а с чем вы больше не хотите связываться.

 Сатурн спрашивает вас, к чему вы хотите укорениться, а затем будет работать над тем, чтобы вы взяли на себя ответственность за то, что укоренилось.

Сатурн в Рыбах может принести много груза и ответственности, но Вы сами решаете, чему отдать свою энергию. Конечно, иногда жизнь может встать на пути и помешать, но по большей части вы можете выбирать, как провести свое время. Если вы хотите оставаться на земле, то под воздействием этой энергии вам, возможно, придется пройти через некий цикл смерти и возрождения.

Возможно, вам придется расстаться с некоторыми вещами или людьми.

Возможно, вам придется отказаться от моделей поведения, которые больше не служат вам, и в конце концов вы переродитесь, потому что, по сути, вы вступаете в более глубокое и истинное проявление своей сущности. Это может быть нелегко, и это может вызвать много страхов и неуверенности, когда маски срываются, может быть трудно сориентироваться в том, что мы находим под ними, но вы прекрасны или красивы.

Настоящий, незамаскированный вы — это прекрасно и именно то, что сейчас нужно в мире.

Сатурн поможет вам разрушить стены, которые держали вас в ловушке или скрывали, и направит вас на строительство новых, которые позволят вам быть более открытым и свободным. Для Стрельца, как для огненного знака, свобода очень важна, и существует стереотипное представление о лошади в поле, которая счастлива в поле, когда ворота оставлены открытыми, потому что она может бродить и играть в поле.

Но когда дверь закрыта, лошадь недовольна, несчастна и готова на все, чтобы вырваться.

Хотя Вы известны как свободный авантюрист Зодиака, Сатурн здесь для того, чтобы привнести в Вашу жизнь заземление. Сатурн может закрыть дверь, но откроет окно или другую дверь, о которой вы раньше не подозревали, открыв вам доступ к совершенно новой точке зрения. Появление Сатурна в знаке Рыб может вызвать тревогу, поскольку это немного тяжелая энергия, а вы привыкли к легкости, но здесь вас ждут глубокие уроки, которые вы должны усвоить и открыть для себя.

Сатурн ждет от вас многих даров. Один из этих даров - более глубокое и связное понимание того, кто вы есть. Освободиться от масок и ожиданий других людей и не убегать от своих проблем.

Сатурн заставит вас противостоять им и сидеть с ними до тех пор, пока вы не увидите все, что они хотят вам показать, но через этот процесс вы обретете еще большую свободу.

Вы освободитесь от всего, что таится в ваших тенях. Вы будете свободны от стыда, вины и скелетов.

Сатурн в Рыбах может ограничивать вас до тех пор, пока вы не достигнете цели, но как только вы проделаете эту работу, перед вами откроется совершенно новый мир, который вы будете исследовать еще более свободно.

Сатурн является хранителем нашего контракта с душой, это контракт, который наша душа заключила до того, как мы вошли в это физическое тело, и Сатурн хочет убедиться, что мы живем в соответствии с ним.

В течение следующих нескольких лет, когда Сатурн будет находиться в Рыбах, вы будете более тесно взаимодействовать со своим душевным договором.

 Вы будете чувствовать себя более уверенно и сможете направить свою энергию на то, что действительно имеет значение. Хотя Ваш дом и семейная жизнь могут выделяться, а также маски, которые Вы носите, в конце концов, Вы просто больше погружаетесь в себя.

Вас направляют на то, чтобы отделиться от всего, что удерживает вас в ограниченном и маленьком состоянии, и двигаться к более высокому и глубокому потенциалу вашего истинного "я".

Библиография

Часть информации взята из книг, изданных авторами: Любовь для всех сердец, Деньги для всех карманов и Гороскоп на 2022 и 2024 годы.

Статьи, написанные в газете Nuevo Herald одним из авторов.

Об авторах

Помимо астрологических знаний, Алина Руби обладает богатым профессиональным образованием: она имеет сертификаты по психологии, гипнозу, Рейки, биоэнергетическому исцелению кристаллами, ангельскому целительству, толкованию снов, является духовным инструктором. Руби обладает знаниями в области геммологи, которые она использует для программирования камней или минералов и превращения их в мощные амулеты или талисманы защиты.

Руби отличается практичностью и нацеленностью на результат, что позволило ей обладать особым, интегративным видением нескольких миров, способствующим решению конкретных проблем. Алина пишет ежемесячные гороскопы для сайта Американской ассоциации астрологов; их можно прочитать на сайте www.astrologers.com. В настоящее время она ведет еженедельную колонку в газете *El Nuevo Herald* на духовные темы, которая выходит каждое воскресенье в цифровом виде и по понедельникам в печатном. Также ведет программу и еженедельный Гороскоп на *YouTube*-канале этой газеты. Ее астрологический ежегодник ежегодно публикуется в газете "*Diario las Américas*" под рубрикой *Rubi Astrologa*.

Руби написала несколько статей по астрологии для ежемесячного издания "*Today's Astrologer*", вела занятия по астрологии, Таро, чтению по ладони, исцелению кристаллами и эзотерике. На ее канале в *YouTube* еженедельно выходят видеоролики на эзотерические темы: *Rubi Astrologa*. Она вела собственное астрологическое шоу, которое ежедневно транслировалось на телеканале *Flamingo T.V.*, давала интервью нескольким теле- и радиопрограммам, ежегодно выпускает "Астрологический ежегодник" с гороскопом по знакам и другими интересными мистическими темами.

Она является автором книг "Рис и бобы для души", часть I, II и III, сборника эзотерических статей, изданных на английском, испанском, французском, итальянском и португальском языках. Книги "Деньги для всех карманов", "Любовь для всех сердец", "Здоровье для всех тел", Астрологический ежегодник 2021, Гороскоп 2022, Ритуалы и заклинания для успеха в 2022 году,

Заклинания и секреты, Астрологические классы, Ритуалы и чары 2024 и Китайский гороскоп 2024 изданы на пяти языках: английском, итальянском, французском, японском и немецком.

Руби прекрасно владеет английским и испанским языками, сочетая в своих выступлениях все свои таланты и знания. В настоящее время она проживает в Майами, штат Флорида.

*Более подробную информацию можно получить на **сайте** www.esoterismomagia.com.*

Алина А. Руби - дочь Алины Руби. В настоящее время она изучает психологию в Международном университете Флориды.

С детства интересовалась всеми метафизическими и эзотерическими темами, с четырех лет занималась астрологией и каббалой. Обладает знаниями в области Таро, Рейки и геммологи. Она является не только автором, но и редактором, вместе со своей сестрой Анжелиной А. Руби, всех книг, изданных ею и ее матерью.

*За дополнительной информацией обращайтесь к ней по электронной почте: **rubiediciones29@gmail.com.***

www.ingramcontent.com/pod-product-compliance
Lightning Source LLC
Chambersburg PA
CBHW060116120726
48003CB00009B/2663